Wilhard Becker

Du bist reicher, als du denkst

Inhalt

Du bist reicher, als du denkst

Nur wenige Menschen haben keine Minderwertigkeitsgefühle, und die, die meinen, keine zu besitzen, haben nur noch nicht über sich selbst nachgedacht. Auch die so selbstbewußt daherkommen, sind in ihrem Inneren kleiner und schwächer, als sie sich nach außen zeigen. Angeber und Bescheidene sind innerlich nicht so weit auseinander, wie man vermuten könnte. Beide fühlen sich nicht ausreichend, nicht reich genug, um mit sich ganz zufrieden zu sein. Im Blick auf ihren Wert und die Beachtung, die sie bei anderen finden, meinen sie, nicht bestehen zu können.

Wer seinen Reichtum durch einen Vergleich mit seiner Umwelt einschätzt, hat es bald mit zwei Problemen zu tun. Vergleicht er sich mit denen, die in seinen Augen günstigere Lebensbedingungen haben oder erfolgreicher sind, wird er sich schlecht oder benachteiligt fühlen. Der Vergleich mit weniger Begünstigten verführt dagegen schnell zu Eingebildetsein und Stolz.

Der eigentliche Reichtum meines Lebens liegt nicht außerhalb von mir und kann nicht durch einen Vergleich mit anderen entdeckt werden.

Wahrer Reichtum und Glück lassen sich nur im Inneren entdecken oder nirgends. Eine dauerhafte Zufriedenheit und ein beständiges Wertbewußtsein können nur in mir selbst wachsen und aus mir selbst heraus kommen. Alles, was nicht in mir lebt und wirkt, ist von kurzer Dauer.

Es gehört aber zu den Grundprinzipien unserer Gesellschaft, einen Menschen an dem zu messen, was er besitzt, was er kann oder welche Position er hat. Innere Werte haben einen verhältnismäßig geringen Kurswert.

Sehr früh fangen wir schon an, unsere Wertigkeit aus dem

Vergleich mit anderen zu gewinnen. In der Familie schon ergibt sich der Vergleich durch das rivalisierende Miteinander der Geschwister. Manche Eltern setzen diese Situation sogar als pädagogisches Mittel ein. Der Ältere wird dem jüngeren Geschwister als Vorbild hingestellt oder umgekehrt.

Spätestens aber in der Schule erleben wir dieses Vergleichsprinzip. Wir spüren sicher alle noch in uns den Druck aus dieser Zeit: Noten, Leistungsvergleiche, Belobigungen, Prämierungen und die entsprechende Geringschätzung für die, die »ferner liefen«.

Es ist unnötig, dieses Prinzip des Messens an anderen und das Vergleichen nach oben wie nach unten durch die weiteren Situationen in Ausbildung und Beruf zu beschreiben. Wir leben in einer Welt, in der die Kategorien des Vergleichens gelten: Besser – schlechter; richtig – falsch; normal – unnormal; nützlich – unnütz; brauchbar – unbrauchbar; erlaubt – verboten und so weiter.

Noch ist die Zeit des Oben und Unten, der Oberen und der Untertanen, der Mächtigen und der Schwachen, der Habenden und der Habenichtse nicht vorbei. Aber selbst dann, wenn die Ideale der Französischen Revolution – Freiheit, Gleichheit, Brüderlichkeit – völlig verwirklicht sind, werden wir nicht aufhören, uns mit anderen zu vergleichen und Minderwertigkeitsgefühle zu entwickeln. Diese Problematik läßt sich nicht von außen lösen. Wir brauchen zu ihrer Lösung ein neues Weltbild, eine neue Einstellung zum Leben und den eigentlichen Lebenswerten; wir brauchen vor allem eine neue Einstellung zu uns selbst. Alles Lebendige, Wirkliche und Wichtige ist innen. Das Reich, in dem wir etwas gelten und zu sagen haben, liegt inwendig in uns.

Die Schätze, die unser Leben reich und fröhlich machen, können wir erst finden, wenn wir uns auf die Reise zu uns selbst begeben. Mancher verlebt sein Leben in Äußerlichkeiten und merkt erst, wenn er überhaupt noch Gelegenheit dazu hat, in seiner Todesstunde, wir arm er bei allem Wohlstand und bei aller Anerkennung geblieben ist.

Selbst wenn ich ein Weltreich aufbauen könnte und alle Macht der Erde hätte, bliebe ich ohne eigene innere Werte – ohne das, was »mein eigen« ist – ein armer, ängstlicher Tropf. Eine der unangenehmsten Fragen, die uns gestellt werden können, ist darum die Frage: »Wer bist du eigentlich?« Wer bist du und wer bleibst du, wenn deine äußeren Funktionen aufhören?

Der Weg zu mir selbst, zu dem, was mir zu eigen ist, ist der Weg in mein eigenes Reich, zu meinem wahren Reichtum und zu dem, was sich für mich wirklich lohnt.

»Was nützt es dem Menschen, wenn er die ganze Welt gewinnt und nimmt doch Schaden an seiner Seele?« (Matthäus 16,26). Eigentlich brauchte keiner Mangel an Selbstwert zu haben. Jeder ist in seinem Inneren ein König, eine Königin, mit einem großen Reich; nur wissen es die wenigsten.

In der Bildersprache der Märchen spielt das Bild vom König und seinem Reich eine hervorragende Rolle. Immer wieder erzählen sie uns, was sich in einem Königreich mit seinem Schloß, seinen Schätzen, seinen Intrigen und bei seinen Festen alles abspielen kann. Nicht nur Könige und Königinnen begegnen uns darin, sondern auch Prinzessinnen und Prinzen und vielerlei Hofstaat. Oft muß ein Reich erst erobert oder durch eine besondere List gewonnen werden. Feinde und Freunde, Verrat und treue Vasallen sind dabei im Spiel. Da gelten Treue und Tapferkeit, Klugheit und Herzensgüte. Da geht es nicht mit natürlichen Dingen zu, sondern auch mit außergewöhnlichen Kräften und gefährlichen Wesen. Da wird gefeiert und getanzt, und immer sind viele eingeladen, an der Freude teilzunehmen, wenn das Reich gewonnen oder die Hochzeit endlich möglich ist. Das Volk, die ganze Gesellschaft ist immer mitbetroffen und stets dabei, leidtragend oder mitfreuend.

Deutlich wird bei allen Erzählungen, daß sich die Geschichte nie ohne Probleme abspielt. Immer kommen Störungen auf, muß sich einer bewähren und gerät in Krisen und Gefahr. Das Reich kann durch Unachtsamkeit unter fremde Herrschaft geraten. Der Prinz und die Prinzessin werden manchmal durch eigene Schuld oder durch Schuldverflechtungen verjagt, verwünscht, in Tiere oder anderes verzaubert und müssen erst befreit werden, um ihr Ziel, ihre eigentliche Aufgabe zu erreichen. Manchmal müssen sie als Knecht oder Magd unerkannt viele Jahre dienen, bis sie die Fähigkeit erlangt haben, die sie für die nächste Aufgabe brauchen. Das Leben ist eigentlich immer irgendwie bedroht, das Reich oder der Schatz kann verlorengehen.

Bei allen Aufregungen, harten Kämpfen und Bewährungsproben ist aber in diesen Märchenerzählungen immer etwas Ermutigendes. Es gibt das Reich, es kann gewonnen werden, und Kräfte und Helfer sind auch genug da, wenn man sie braucht.

In unserer Zeit erscheinen diese Bilder und Gleichnisse wie veraltet. Es ist so, als ob es keine Wunder, keinen Zauber, keine geheimnisvollen Kräfte und Schätze mehr gäbe. Die Könige und Fürsten sind keine Herrscher mehr und regieren nicht souverän über ihr Reich. Wo sie bis heute noch existieren und verehrt werden, haben sie doch keine Macht. Allenfalls sind sie noch zur Repräsentation da, Träger einer immer rascher veraltenden Tradition.

Trotzdem werden die Bilder vom König, der Königin und ihrem Reich als Urbild in unserer Seele bleiben. Vielleicht ist es für uns heute sogar leichter, diese Bilder in ihrem eigentlichen Inhalt zu verstehen, denn wir werden weniger durch äußere Erscheinungen dieser vergangenen Realitäten abgelenkt. Dadurch können die Bilder besser deutlich machen, daß es um innere Wirklichkeiten geht. Heute kann jeder selbst ein König werden und sein persönliches Reich entdecken. Es gibt nicht mehr die wenigen durch Geburt bevorzugten Adligen, die ihren Lebensreichtum entwickeln können. Jeder kann heute begreifen, daß in der inneren Welt die Schätze und die Begabungen und der Reichtum seines Lebens liegen.

Je mehr wir das alltägliche Leben ohne allzu große Existenznot bewältigen, desto aufmerksamer können wir werden für das innere Leben und für die Notwendigkeit, an seiner Gestaltung zu arbeiten. Trotzdem haben immer noch viele die Neigung, alle Lebensqualitäten von der Verbesserung der äußeren Verhältnisse zu erwarten. Sie versuchen die Umstände oder andere Menschen für ihre eigene Unzulänglichkeit verantwortlich zu machen dafür, daß es in ihrem Leben nicht so läuft, wie sie es gern möchten. Sie leben nicht so, wie sie ahnen, daß sie leben könnten.

Wer im relativen Wohlstand lebt und keine großen existentiellen Sorgen haben muß, bleibt meist doch unbefriedigt. Ein sinnerfülltes Leben hängt aber nicht in erster Linie von den äußeren Verhältnissen ab. Das merken oft gerade die, denen, äußerlich betrachtet, nichts mehr zu ihrem Glück fehlt. Sie ahnen, daß sich das Eigentliche des Lebens innerlich vollziehen muß.

Wer nicht bei sich selbst zu Hause ist, wird sich nirgendwo zu Hause fühlen. Wer mit sich selbst nicht umgehen kann, wird auch mit seiner Umwelt Schwierigkeiten bekommen. Wer in sich keine Ordnung halten kann, wird um sich herum auch Unruhe und Unordnung verbreiten. Wer nicht sein inneres Reich entdeckt und dort die Herrschaft antritt, darf sich nicht wundern, wenn er von anderen Mächten beherrscht wird.

Wie finde ich aber zu mir, zu meinem Eigentum, zu meinem wahren Leben? Diese Frage steht letztlich hinter allen Märchen, Mythen und Sagen, hinter Legenden und Fabeln. Auch die Bilder der Religionen, ihre heiligen Schriften und Glaubensaussagen wollen das Verständnis für diese innere Welt wecken und Wege zu dem inneren Reichtum des Lebens zeigen.

So sprechen auch die Bilder und Gleichnisse Jesu davon,

daß das Reich, das Reich Gottes, nicht von dieser äußeren Welt ist. Es kommt auch nicht durch Veränderung der äußeren Verhältnisse, sondern durch verwandelte Menschen. Das Menschsein im Sinne Jesu entspricht dem Dasein von Prinzen und Prinzessinnen. Sein Adel kommt nicht von menschlicher Abstammung, sondern unmittelbar von Gott. Sein Menschenbild entspricht seinem Gottesbild. Gott und Mensch werden im neuen Menschen eins. Die Herrschaft Gottes und die der neuen Geschöpfe hat aber nichts mit Machtpolitik zu tun. Es ist kein Herrschen über andere, sondern eine Vollmacht über die eigene innere Welt. Der Einfluß auf die äußere Wirklichkeit kommt aus dem Inneren, aus dem Herzen. Nur wer mit sich und dem eigenen Herzen gut umgehen kann, wird dementsprechend auch nach außen wirken.

Wer sein inneres Reich entdeckt und damit begonnen hat, es zu regieren, wird bald beobachten können, daß er aus dem Zwang des Sich-Vergleichens mit anderen herauskommt. Das zwanghafte Bedürfnis, immer mehr haben zu wollen, zu nehmen, zu ergattern, Aufmerksamkeit auf sich zu lenken und Eindruck zu machen, wird nachlassen. Auch die Sucht, beliebt zu sein und geliebt zu werden, wird verschwinden. Dafür können dann ganz andere Bedürfnisse und Wünsche, sogenannte Herzenswünsche, auftauchen.

Zu diesen neuen Bedürfnissen gehört auch der Wunsch, sich selbst immer besser zu erkennen, besser mit sich umgehen zu lernen und anderen an der inneren Welt Anteil zu geben. Der Herzenswunsch, ein Gebender zu sein, nimmt Gestalt an – nicht aus dem oberflächlichen Bedürfnis, dafür geliebt zu werden, sondern aus Freude am Teilen und Mitteilen. Die Wahrheit des Wortes: »Geben ist seliger als Nehmen« wird dadurch erfahrbar. Nicht mehr das moralische Prinzip des Teilens, sondern das neue Bewußtsein vom Überfließen tritt in den Vordergrund. Es entspricht dem Prinzip der Quelle, die ohne Druck und

Müssen fließt – ohne Abhängigkeit, ob und wieviel aus ihr getrunken wird.

Zum besseren Verständnis dieser Lebenseinstellung lohnt es sich, den Unterschied zwischen einem Egoisten und einem selbstbewußten Menschen zu verdeutlichen. Wer sich seiner selbst bewußt ist, wer sich und sein inneres Reich kennt und aus diesem Reichtum lebt, hat die Sucht überwunden, sich mit anderen zu vergleichen. Im Gegensatz dazu lebt der Egoist mit einer ständigen inneren Leere. Deshalb muß er alles an sich ziehen, was ihn füllen kann. Er sucht Aufmerksamkeit, Geltung, alles, was sein Leben und seinen Einfluß scheinbar vermehrt. Weil er mit sich allein nicht viel anfangen kann, müssen ständig andere für ihn dasein. Wie unter einem Zwang muß der Egoist nehmen, gewinnen und besser sein als die anderen. Er steht unter dem Diktat des Vergleichens, weil er unter seinem inneren Mangel leidet. Im Grunde kann er sich selbst nicht wichtig nehmen und verlangt deshalb, wichtig genommen zu werden. Weil er mit sich allein nichts anfangen kann, verbraucht er ständig andere, die sich um ihn kümmern. Der innere Mittelpunkt, um den sich bei ihm alles dreht, ist ein Vakuum, das alles aus seiner Umgebung aufsaugt.

Das Gegenteil erleben wir bei einem Menschen, der zu sich selbst gefunden und damit begonnen hat, seinen Wert nicht mehr von außen, sondern aus seinem Inneren zu beziehen.

Das neue Bewußtsein beginnt mit der Entdeckung der eigenen Einmaligkeit. Nie zuvor hat es auf dieser Welt einen Menschen gegeben, der so war, wie ich bin. Niemand hat dieselben Anlagen, Möglichkeiten und Gegebenheiten wie ich. Bis in die innersten und in die winzigsten Bauteile meines Körpers und meiner Seele hinein habe ich einen unverwechselbaren Code. Niemand kann so denken, so fühlen und wollen, kann so sehen, hören und schmecken wie ich. Alle Versuche, mich mit anderen zu vergleichen, können keine Gleichheit herstellen. Letztlich kann mich deshalb auch niemand total verstehen, so gern ich das in bestimmten Situationen auch hätte. So ist meine Einmaligkeit und Einzigartigkeit einerseits ein großes Geschenk, das größte meines Lebens überhaupt; andererseits bin ich dadurch verurteilt, eine letzte Einsamkeit auszuhalten.

An dieser Einsamkeit ändern auch die Versuche, mich in Liebe mit einem anderen Menschen zu vereinigen, nichts. Solche Versuche können anfangs wunderbar und beglükkend sein. Auf die Länge der Zeit müssen sie aber der Einsicht weichen, daß der geliebte Mensch doch anders ist, zutiefst anders als ich. Es bleibt nach jedem Verliebtsein, nach jeder symbiotischen Erfahrung immer wieder die Aufgabe, bei sich selbst zu Hause zu sein, den Reichtum, das Reich in sich zu entdecken und mit sich ein erfülltes Leben zu führen.

Das Ziel unserer gesellschaftlichen Erziehung ist allerdings immer noch, den anderen wichtiger zu nehmen als sich selbst. Sich selbst wichtig zu nehmen, hat den Beigeschmack der Selbstsucht. Es gibt sicher auch einige abschreckende Beispiele in unserer Umgebung, die uns veranlassen, den Geruch, selbstsüchtig zu sein, zu meiden. Viel lieber wollen wir »demütig« unser Angewiesensein und unsere Hilfsbedürftigkeit betonen. Zumindest aber wollen wir für andere brauchbar sein. Gebraucht zu werden bessert unser Wohlbefinden auf! Damit betonen wir aber die äußeren Werte und Fähigkeiten, das, was wir haben und können, und nicht das, was wir sind. Haben und Tun sind an bestimmte Zeiten unseres Lebens gebunden, an die Zeiten unserer Tüchtigkeit und Nützlichkeit für andere. Der wahre Reichtum eines Menschen liegt jedoch in dem, was er ist, in seinem Dasein. Das Sein ist der eigentliche Reichtum, ein Reichtum, der auch dann gilt, wenn ein Mensch noch nicht oder nicht mehr »brauchbar« ist.

Eine Gesellschaft zeigt ihre Wertschätzung des Menschen

darin, wie sie mit kleinen Kindern und alten Menschen umgeht, mit Menschen, die einfach nur da sind und noch nichts oder nichts mehr leisten, mit denen kein Staat zu machen ist und die nur Kosten verursachen.

Du bist reicher, als du denkst. Dein Reichtum liegt in dir und wartet darauf, von dir entdeckt und gehoben zu werden. Erst wer sich selbst gefunden hat und sich schätzt, wird auch für andere ein Schatz werden. Der Umgang mit mir selbst, meine Selbsteinschätzung, mein Wertbewußtsein, wirkt auch auf andere. Wie ich mit mir selbst umgehe, bestimmt auch den Umgang meiner Umwelt mit mir. Das gilt ebenso für die Umkehrung. Wenn ich mir selbst nicht gut gesonnen bin, werde ich auch anderen gegenüber kein Wohlwollen entwickeln.

Die eigene innere Welt gleicht einem Bergwerk mit unendlichen Schätzen, die noch gehoben werden wollen. Die Arbeit des Suchens und Grabens, um die Schätze ans Licht zu bringen, nimmt uns niemand ab. In der Sprache des Neuen Testamentes wird diese Wahrheit im Gleichnis vom Schatz im Acker beschrieben: »Das Reich der Himmel ist gleich einem im Acker verborgenen Schatz, den ein Mensch fand und verbarg. Und in seiner Freude geht er hin und verkauft alles, was er hat, und kauft jenen Acker« (Matthäus 13,44).

Den Schatz finden, den Acker erwerben und in Besitz nehmen und die Entdeckung, daß, wer diesen Schatz findet, den Himmel, das Reich Gottes, seine Wahrheit gefunden hat, beschreibt treffend den Prozeß der Selbstfindung.

Das verleumdete Ich

Die Suche nach dem eigenen inneren Reich braucht einen bewußten und deutlich markierten Ausgangspunkt. Wer ist das, der sagt: »Ich will mich aufmachen, um mein Reich, mich selbst, zu finden!«?

Es gibt viele Instanzen in mir, die bei meinen Entscheidungen gerne mitreden und mitbestimmen. Eine Hauptrolle spielt dabei das Gefühl. Vielleicht ist es Unzufriedenheit mit meinem jetzigen Zustand oder einfach Neugierde, etwas Neues zu entdecken, was mich in Bewegung setzt. Aber auch Verzweiflung und Leidensdruck können mich motivieren, mich auf die Suche zu machen.

Andere werden mehr von ihren Gedanken und Reflexionen geleitet, wenn sie weiterkommen wollen. Es erscheint für sie einfach vernünftig, nicht so zu bleiben, wie sie sind. Sie haben die Einsicht gewonnen, daß das Leben mehr zu bieten hat, als sie bisher erlebt haben.

Beide Instanzen werden aber auf Dauer nicht genügen, um den Weg zu sich selbst zu finden und konsequent zu gehen. Dagegen spricht ständig ein Gefühl der Verunsicherung und der Zweifel, ob sich das alles überhaupt lohnt. Zu tief sitzen die Fragen und Minderwertigkeitsgefühle, die uns nach einem Entschluß immer wieder zögern lassen. Vielleicht ist es auch nur eine angeborene Trägheit, die uns schon in den Anfängen steckenbleiben läßt.

Alle lebenswichtigen und dauerhaften Entscheidungen, die eine Änderung bewirken sollen, müssen aus dem Zentrum unserer Person, aus dem Kern heraus, getroffen werden. Oft hören wir schon, wenn unser Ohr dafür wach ist, an der Formulierung, ob es jemand ernst meint oder nur einen »Versuch« wagen will. Die innere Unsicherheit, der Zweifel am Gelingen und mangelhafte Konsequenz verbergen sich schon in Ausdrücken wie: »Es wäre ja schön, wenn . . . Ich möchte ja gern, aber . . . Es ist schon vernünftig, einen Versuch zu wagen, aber . . .«

Erst wenn ich laut und deutlich sage: *»Ich will!«*, habe ich eine echte Chance, das Leben zu gewinnen. Wie entsteht dieses Ich und wie kommt es zu einem entschlossenen und gültigen »Ich will!«?

Das Zentrum und der Kern unserer bewußten Persönlichkeit ist das Ich. Alle Entwicklungen zu einer reifen Persönlichkeit haben es deshalb auch immer mit einer Ich-Bildung zu tun. In der Entwicklungspsychologie werden Entstehung und Bildung dieses Personenkerns, des Ich, beschrieben. Jeder Mensch ist zwar von Geburt an bereits Person, hat aber frühestens nach dem ersten Lebensjahr das *Bewußtsein*, eine eigene Person zu sein. Erst dann bezeichnet er sich selbst mit »Ich«. Bis dahin spricht das Kind, wenn es von sich spricht, immer in der dritten Person. Es nennt sich mit seinem Vornamen: »Hans will«, »Gretel will«; es sagt noch nicht: »Ich will.«

Vom Zeitpunkt der bewußten Ich-Bildung an beginnt das Kind auch mit seinen ersten Abgrenzungsversuchen. Das Ich des Kindes wehrt sich gegen das Ich der Mutter oder der nächsten Bezugspersonen und wird sich dadurch seiner selbst bewußt. Meist sind die Abgrenzungsprozesse mit sehr deutlichem Nein-Sagen verbunden. Wir nennen diese Entwicklungsschritte »Trotzphasen«.

Hier beginnen die offenen und geheimen Machtkämpfe. Das Kind versucht durch sein Nein, den eigenen Freiraum zu erweitern. Dadurch kommt es in Konflikt mit den Ich-Ansprüchen der Eltern oder Geschwister.

Da diese Auseinandersetzungen von seiten des Kindes häufig vehement und rücksichtslos geführt werden, können solche Prozesse für die Eltern sehr nervenaufreibend sein, zumal das Kind für logische Argumente noch nicht zugänglich ist. Aus dem lieben und süßen Kind wird plötzlich ein uneinsichtiges Bündel von Energie und Widerstand.

In dieser Zeit geht es aber nicht nur um die Herausbildung des Ich – des Personenkerns – einer angehenden kleinen Persönlichkeit, sondern gleichzeitig auch um die Willensbildung des Kindes. Ichstärke und Willensstärke sind voneinander abhängig. Im Nein bildet sich nicht nur das Ich, sondern auch der Wille, der ein Ausdrucksorgan des Ich ist. Störungen in der Ich-Bildung sind entwicklungshemmend für die Willensbildung. Aus ichschwachen Kindern werden willensschwache Erwachsene!

Rückblickend können wir verstehen, daß solche Phasen des kindlichen Widerstandes von den Eltern nicht immer mit Weisheit und Gelassenheit durchgestanden werden. Diese Zeiten bringen manche Eltern an den Rand ihrer nervlichen Belastbarkeit, vor allem, wenn sie mehrere Kinder haben und der Haushalt sich nicht allein um das Kind drehen kann, das gerade seine Trotzphasen durchmacht.

Verständlich, daß die intensive Betonung des Ich hier bereits einen kritischen Unterton bekommt. Früher reagierten strenge Pädagogen mit zorniger Konsequenz. Kinder haben nichts zu wollen beziehungsweise dürfen noch keinen eigenen Willen haben! Wenn sie trotzdem versuchen, ihren Willen durchzusetzen, muß der Wille gebrochen werden! Zum Glück sind die Zeiten der schwarzen Pädagogik vorbei – nicht aber die Schwierigkeiten, die mit der Entwicklung eines ich- und willensstarken Kindes zusammenhängen.

Verständlich wird jedoch in diesem Zusammenhang, wie es zu einer Diffamierung des Ich-Begriffes kommen konnte. Das starke Ich wurde immer als Störenfried erlebt, vor allem, wenn es um Gehorsam oder Unterordnung ging. Ein böses Schimpfwort wird oft noch heute solchen kleinen »Freiheitskämpfern« angehängt: »Du Egoist!« Ein Egoist zu sein galt in unserer Familie als schlimmster Vorwurf. Man konnte versagen, schlechte Noten heimbringen, Fensterscheiben einwerfen oder andere kindliche Untaten begehen. Nichts war jedoch so schlimm wie »Egoismus«.

Die Älteren unter uns werden sich vielleicht noch an die Regel erinnern, in einem Brief nicht zu oft das Wörtchen »ich« zu gebrauchen. Vor allem war es unschicklich, einen Satz mit »ich« zu beginnen. Heute hat sich diese Mode fast umgekehrt. Das »Ich« wird eher betont. Jetzt ist es verpönt, »man« statt laut und bewußt »ich« zu sagen!

Trotzdem werden Menschen, die anfangen, sich um sich selbst zu kümmern, und die sich selbst erfahren wollen, weiterhin als Egoisten oder als egozentrisch verdächtigt. Nicht zuletzt sind es christliche Kreise, die sich gegen eine Betonung des Ich wehren und lieber auf »Selbstverwirklichung« verzichten, statt in den Ruf zu kommen, »überheblich, arrogant oder ichbezogen« zu sein.

Überall, wo Autorität, Gehorsam, Einheitlichkeit im Denken oder Handeln erwartet wird, werden Menschen, die sich selbst ernst nehmen und zugeben, sich selbst wichtig zu sein, abschätzig beurteilt. Sie sind keine braven Gefolgsleute mehr und passen deshalb nicht in ein vorgegebenes System. Man kann sie nicht so gut einsetzen und manipulieren. Sie neigen mehr zu Außenseiterrollen, und man trifft sie eher in den Nischen der etablierten Gesellschaft.

Es gibt sicher auch Karikaturen, fanatische »Selbstverwirklicher«, die einen so großen Nachholbedarf in ihrer Ich-Bildung haben, daß ihr Verhalten überdimensioniert wirkt.

Manche notwendigen Abgrenzungen und eigenständigen Entscheidungen gegen den allgemeinen Trend stören aber die harmonische Gemeinschaft. In solchen Entwicklungsprozessen ist Toleranz und Geduld von beiden Seiten nötig, um Trennungen zu vermeiden. Für den einzelnen kann aber unter Umständen eine Trennung wichtiger und richtiger sein als Anpassung und Gruppenkonformität.

Eine Befreiung des Ich setzt pädagogische Weisheit in der Erziehung voraus. So ist auch die Nachsicht mit denen, die in ihrer Ich-Entwicklung einen Nachholbedarf haben, sinnvoller als Unterdrückung und Gruppenzwang. Es gibt schließlich auch einen Gruppenegoismus, der sicher nicht besser ist als der persönliche Egoismus.

Die zentrale Wahrheit der christlichen Botschaft von der Befreiung des Menschen aus jedem fremden Machtbereich wurde von Jesus in hervorragender Weise betont. Er berief sich bei seinen Entscheidungen und in seiner Verkündigung nicht auf andere Autoritäten. Er betonte auch nicht jedesmal, wenn er sagte: »Ich aber sage euch . . .«, daß er im Namen Gottes sprach. Seine Ich-Betonung war für die damalige Zeit ein Novum. »Ich bin das Licht der Welt!«, »Ich bin das Brot des Lebens!«, »Ich bin die Wahrheit!« und viele andere »Ich bin«-Sätze sind einmalig und provokativ. Er hat sich nicht gescheut, sehr direkt von sich zu sprechen und sich für seine Entscheidungen und seine Botschaft für kompetent zu halten. Er grenzte sich sogar deutlich gegen diejenigen ab, die sich für ihre Aussagen, Entscheidungen und Urteile immer sofort auf alte und frühere Autoritäten beriefen. Er nahm die Verantwortung für sein Leben konsequent auf sich. Er hat das, was er tat und verkündete, als Ausdruck seiner Vollmacht bezeichnet und sich nicht für diese »Anmaßung« entschuldigt oder gerechtfertigt, noch nicht einmal vor seinen Richtern. Mit seinem »Ich aber sage euch« riskierte er sogar die Konfrontation mit der Tradition seiner Religion – mit der heiligen Geschichte seines Volkes. Es ist, so betrachtet, eigentlich unverständlich, wie seine Nachfolger wieder eine so starke Autoritäts- und Wortgläubigkeit entwickeln konnten. In der ersten Zeit nach dem Pfingstereignis spüren wir noch etwas von dieser starken unabhängigen Vollmacht im Selbstbewußtsein der Jünger. Sie beriefen sich auf ihre Erfahrung und nicht auf eine Tradition. Was sie erlebt hatten, widersprach total jeder Vorstellung und Erwartung. Sie konnten sich auf nichts anderes berufen als auf das, was sie gehört, gesehen und begriffen hatten. Auch Paulus zeigte diese selbstbewußte Klarheit und Selbständigkeit in seinem Denken und Handeln. Aber schon bald bildeten sich in der Kirche Tradition, Rechtgläubigkeit und Glaubensgehorsam als wichtigere Tugenden heraus.

Ein Grund für die Rückentwicklung der Christen in übliche religiöse Formen und Formeln liegt in dem immer größer werdenden Abstand zu den historischen Ereignissen, die durch den wahrhaftigen Menschen Jesus ausgelöst wurden. Die christliche Theologie entkleidete ihn mehr und mehr seiner irdischen Realität und erhöhte ihn zur unerreichbaren und unvergleichlichen Größe eines himmlischen Allmächtigen. Aus dem Bruder, Meister, Freund Jesus, von dem man sich angezogen und angesteckt fühlen konnte, ermutigt zur Nachahmung, ist schließlich ein verehrungswürdiger Kyrios geworden, der seinen Thron im Himmel hat und dessen irdische Existenz immer unwirklicher erscheint – unerreichbar, unnachahmbar, unvergleichlich. Seine menschliche Ichstärke, sein Selbstbewußtsein, sein Mut und seine Vollmacht, auch seine natürliche Autorität wurden seiner göttlichen Natur zugeschrieben. Was er sich erlaubte, was er konnte und wagte, erschien immer außerordentlicher und bewundernswerter, aber es lockte nicht mehr zur Nachahmung. Seine Persönlichkeit war identisch mit Gott geworden, seine Worte immer heiliger und er, als ein Ideal, immer unerreichbarer. Er ein Gott, wir Menschen, eine unüberbrückbare Distanz. Er König, wir Untertanen, er vollkommen, wir böse. Sein »Ich bin« war erlaubt, göttlich und gut, unser Ich dagegen ist menschlich und unbefugt, eine Rebellion. Sein Selbstbewußtsein war rein, unser Selbstwert der eines verlorenen Sünders.

So wurde auch im Bereich des Christentums das Ich verleumdet. Nur ein Gott darf sagen: »Ich bin, der Ich bin.« Einem Menschen steht das nie zu!

Aus heutiger Sicht ist es unverständlich, wie die Aussagen Jesu über seine Jünger und ihre Bedeutung für die Welt so in Vergessenheit geraten konnten. »Ihr werdet dieselben Werke tun, die ich getan habe, und werdet noch größere als diese tun« (Johannes 14,12). Denselben Geist, der ihm Vollmacht, Selbstbewußtsein und Autorität ermöglichte, hat Jesus auch seinen Nachfolgern versprochen.

Natürlich sind selbstbewußte Menschen nicht so leicht zu lenken. Da ist es schon einfacher, wenn man statt dessen Schafe hütet, die einen Hirten brauchen. Wahrscheinlich war es damals wie heute das Verantwortungsgefühl, das die »Hirten« dazu verleitete, lieber alles vorzuschreiben, vorzudenken, es nicht dem einzelnen zu überlassen, seinen Weg zu finden, sondern ihm Anweisung zu geben und die Befolgung zu überwachen. Schon die erste Gemeinde in Jerusalem hatte anfangs mit dem Individualisten Paulus Schwierigkeiten. Derselbe Paulus entwickelte später aber selbst zunehmend Vorschläge, Vorschriften und schließlich eindeutige Richtlinien, die verbindlich wurden. Das Ich des einzelnen hatte sich zu beugen, einzugliedern und auf Selbständigsein und Eigenständigkeit zu verzichten. Der subjektive Glaube, die persönliche Erfahrung und die individuelle Gottesbeziehung wurden ersetzt durch das gemeinsame Bekenntnis, die vorgegebene Form und Formulierung. Die Konformität wurde wichtiger als die Eigenständigkeit. Das gebeugte und kleine Ich wurde etabliert und wichtiger als ein gesundes Ichbewußtsein, Gehorsam wichtiger als Selbständigkeit. Der einzelne hatte sich der Gesamtheit zu opfern. Die originalen Glieder an einem Leib (Leib Christi) wurden zu Mitgliedern einer Organisation (Kirche). Der persönliche Glaube wurde institutionalisiert.

Sören Kierkegaard, der dänische Philosoph und Theologe, soll einmal gesagt haben, die sogenannte Christenheit sei die Summe der Mißverständnisse, die sich um Jesus Christus gebildet habe.

Die Befreiung des Ich, die Gesundung des Selbstbewußtseins und des Selbstwertgefühls ist auch heute noch eine ungelöste Aufgabe; sie ist aber die Herausforderung jeder guten Erziehung, jeder Therapie und jeder gesunden Frömmigkeit.

Es geht darum, die Ich-Entwicklung in der Persönlichkeitsbildung des Menschen voranzubringen. Das Gelingen oder Mißlingen dieser Aufgabe wird mitentscheiden, ob die Menschheit in Zukunft fähig sein wird, die auf sie zukommenden Probleme der Welt und des Lebens zu bewältigen.

Der neue Mensch, der modellhaft schon vor zweitausend Jahren erstmals auftauchte, wird heute dringend gebraucht. Die alten Formen menschlichen Zusammenlebens sind nicht mehr gut genug, um den Herausforderungen der Zukunft zu begegnen. Völker lassen sich nicht länger durch Tyrannen unterjochen; die Tage der Diktatur sind gezählt. Freiheit ist ein Wort, das dieses Jahrzehnt prägen wird. Wie und wo ist aber der neue Mensch, der eine neue Freiheit und Selbständigkeit leben kann?

Die Freiheit von außen, die Absetzung von Machthabern bringt noch keine Veränderung der menschlichen Persönlichkeit. Echte Freiheit und Souveränität muß im Menschen selbst wachsen, sonst ist er nicht in der Lage, mit der Freiheit und ihren Möglichkeiten umzugehen.

Um diesen Prozeß der inneren Umgestaltung des Menschen besser zu verstehen, ist es wertvoll, einmal in die alte Welt der Weisheit der Märchen, Mythen und Sagen zurückzugehen. Uralte Bilder, Urbilder der Seele, werden geweckt und erweisen sich als brauchbar für heute und sind zukunftsträchtig. Ich wecke in mir das Bild vom König, der Königin im eigenen Reich. Die neue Welt ist zunächst eine innere Welt. Die neue Lebensart wächst aus dem Herzen. Sie entspringt einem neuen Wertbewußtsein, das, wenn es beständig sein soll, im Herzen geboren werden muß.

Wie kann es zu dieser Erfahrung kommen, und welche Merkmale kennzeichnen den Prozeß dieser Neugeburt?

Die Inthronisation

Zu jedem richtigen Königreich gehört eigentlich ein Schloß, und zu jedem königlichen Schloß gehört auch ein Thronsaal, und im Thronsaal steht ein Thron. Der Regent, die Regentin sitzen nicht immer auf dem Thron, sondern sind oft unterwegs, besichtigen ihr Reich. Sie führen Verhandlungen mit anderen regierenden Häuptern und feiern Feste.

Die Arbeit des Regierens ist auch ein Beruf, der erlernt werden muß. In der Welt unserer Märchen müssen der oder die zukünftige Regent/in oft einen langen, gefährlichen Weg zurücklegen und viele Aufgaben bewältigen, bis sie fähig sind, die große Aufgabe des königlichen Herrschens zu erfüllen. Das Recht und die Berufung zu dieser Aufgabe sind Geburtsrecht, sind Erbrecht. Die Fähigkeiten aber und die inneren Qualitäten dazu müssen erworben werden.

In unsere Lebenssituation übertragen zeigt dieses Bild die Möglichkeit und die Notwendigkeit auf, seine wahre Berufung zu erkennen und sich entsprechend darauf einzustellen. Vielen kann es so gehen, daß sie, wie in manchen Märchen beschrieben, von ihrer Berufung und von ihrer eigentlichen Herkunft nichts mehr wissen. Ihr Leben scheint unter einem ungünstigen Stern zu stehen. Das Elternhaus hat alles andere vermittelt als eine adelige Gesinnung, und die entstandenen Minderwertigkeitsgefühle lassen keine Spur von Reichsein und Wert aufkommen.

Wer nur auf seine natürliche Herkunft und die von den Eltern und Vorfahren mitgegebenen Chancen sieht, der wird sich schwerlich mit Gedanken und Bildern vom König- und Königinsein vertraut machen können. Die Träumer, die Idealisten, die Gläubigen und vor allem die Kinder haben es leichter, einen Zugang zu diesen Vorstellungen zu finden.

Die Wahrheit und der Sinn des Lebens sind aber nicht allein aus dem Bereich der Fakten, Realitäten und Berechenbarkeiten abzuleiten. Meistens sind auch die Weisheiten, die wir in der Schule und im Studium gelernt haben, nicht gerade eine Hilfe, die inneren Wahrheiten zu erkennen und an sie zu glauben. Wer in der Welt des Berechenbaren bleibt, wird sein inneres Reich nicht finden und seinen Wert nicht richtig schätzen lernen. Er wird selbst bei einem erfolgreichen Leben und großem Besitz und bei viel Bewunderung nicht den Reichtum erfahren, der seinen eigentlichen Wert ausmacht. Deshalb haben es die Reichen so schwer, ins Reich Gottes zu kommen. Aber auch der Arme und Erfolglose ist deshalb noch nicht näher an dieser neuen Wirklichkeit. Er kann sich auch an seine Armut und an seine Not, vielleicht sogar an seine Krankheit so gewöhnen, als seien sie das Leben.

Mancher kommt erst zu sich selbst und zu seinem wahren Lebenssinn, wenn er sich aufmacht und alles verläßt und vergißt, was sein bisheriges Leben bestimmt hat. Die Gewohnheiten und die gesellschaftlichen Selbstverständlichkeiten unserer Welt lassen oft tiefergreifende Fragen nicht zu. Mancher muß erst durch Not und schicksalhafte Ereignisse an den Rand seines Lebens kommen, um überhaupt die grundsätzlichen Fragen in sich wahrzunehmen.

Nicht umsonst steht am Anfang der Botschaft vom Reich Gottes die Aufforderung, alles zu verlassen, was bisher das Leben bestimmt hat. Es klingt im Munde Jesu sogar wie eine unerläßliche Voraussetzung für ein neues Leben. Er fordert auf, das Reich zu suchen und sich nicht durch die sonst üblichen Sorgen um den Lebensunterhalt aufhalten zu lassen.

Auch im Märchen gibt es oft eine Nötigung zum Aufbruch – einen Auszug aus dem Elternhaus, ganz gleich, ob die Verhältnisse schön und gut oder schlimm waren. Die Welt, sein Reich, das eigentliche Leben gewinnt nur der Mutige oder der Liebende oder der, der sich mit den gewohnten Verhältnissen nicht mehr abfinden will und sich deshalb aufmacht, das Glück, das Leben zu suchen.

Nicht alle, die aufbrechen, kommen ans Ziel, gewinnen den Schatz, befreien die verwunschene Prinzessin oder das ihnen zustehende Erbe. Viele bleiben stecken, weil sie halbherzig sind, andere, weil sie, nur auf äußere Vorteile bedacht, ihre Haut schonen wollen. In der Sprache Jesu heißt das: »Viele sind berufen, aber wenige sind auserwählt.«

Oberflächlich betrachtet sieht manches wie ein Zufall aus oder wie unverdientes Schicksal. In der Wirklichkeit des wahren Lebens aber entscheidet jeder selbst, ob er aus seiner Berufung eine Auserwählung machen will.

»Jeder trägt den Marschallstab im Tornister!« – »Jeder ist seines Glückes Schmied!« Jeder ist berufen zum König- oder Königinsein in seinem eigenen Reich. Niemand anders ist berufen, an meiner Stelle zu regieren. Niemand bekommt die Vollmacht, über mich und über mein Leben zu bestimmen außer mir! Ich kann allerdings leicht andere in mein Reich, in meinen Lebensbereich einlassen, kann mich nach ihren Wünschen und Befehlen richten, kann auf meine Vollmacht verzichten und meinen, damit hätte ich auch die Verantwortung für mein Leben abgegeben. Tatsache ist und bleibt aber, daß es nur einen legitimen Regenten für mein Leben gibt: mich selbst!

Alle Welt, die um mich herum ist, wartet vielleicht unbewußt darauf, daß ich endlich einmal die Macht ergreife und lerne, mit mir selbst umzugehen und mich selbst zu regieren. Wahrscheinlich gibt es keinen größeren Entwicklungssprung im Leben eines jeden Menschen als den Augenblick, in dem er die Verantwortung für sich übernimmt und aufhört, andere für sich verantwortlich zu machen. Das ist meist der Zeitpunkt, wo wir nicht länger mehr unseren Eltern, Lehrern, den Verhältnissen oder sonst irgend jemandem die Schuld für unser Ergehen zuschieben. Niemand kann mich verändern, außer ich verändere mich selbst. Niemand hat ein Recht an mir, es sei denn, ich hätte es ihm gegeben. Niemand kann mein Leben für mich leben, und niemand wird dadurch reicher, daß ich für ihn lebe.

In einer russischen Legende wird erzählt, wie die Frau eines Rabbi nach ihrem Tod an der Himmelspforte gefragt wird, wer sie sei. »Ich bin doch die Frau des Rabbi«, antwortet sie mit leichtem Stolz. »Danach habe ich dich nicht gefragt«, gibt ihr Gott zur Antwort. »Wer bist du? Ich will nicht wissen, mit wem du verheiratet warst.« – »Ich bin doch die Mutter der vier Söhne, die alle auch Rabbis wurden«, sagt sie jetzt schon etwas unsicherer. »Ich habe dich nicht nach deinen Familienverhältnissen gefragt«, wird ihr wieder geantwortet. »Wer bist du?« – »Ich habe doch den Frauen im Dorf immer die Kleider genäht«, sagt sie jetzt schon total verunsichert. »Ich habe dich nicht nach deinem Beruf gefragt. Wer bist du?« lautet die immer unerbittlichere Frage Gottes. Jetzt kann die arme Frau nichts mehr antworten und wird sich bewußt, daß sie ihr Leben nur für andere gelebt hat, ohne zu wissen, wer sie eigentlich selbst war.

Wieviel unnötiges Leid, wie viele ungenutzte Gaben, wieviel Chaos würde verhindert, wenn jeder sich selbst ernst nehmen würde. Die meisten leben unter ihrem Niveau und bleiben hinter ihren Möglichkeiten zurück. Ängste, Hemmungen und mangelndes Selbstvertrauen blockieren den Reichtum an Leben und Entfaltungsmöglichkeiten. Es gibt viele Gründe für diese unnötige Armut in der Welt. Am meisten ist Angst für die Enge und Armut verantwortlich. Angst bringt jeder von Geburt an mit, aber viele Ängste und Hemmungen werden uns anerzogen. Ein Kind hat es schwer, an seinen Wert zu glauben und ein Wertgefühl zu entwickeln, wenn es immer nur hört, es solle sich nichts einbilden und schön bescheiden im Hintergrund bleiben.

Zitate aus der Folterkammer schwarzer Pädagogik sind: »Du bist nichts; aus dir wird nichts; du kannst nichts! Es kommt nicht auf dich an; bilde dir nur nichts ein; sei kein Träumer; mach keine Fehler; laß dir nichts zuschulden kommen! Sei bescheiden; ordne dich unter; sei folgsam; dränge dich nicht vor; hüte dich vor dem Risiko!«

Aus der frommen Erziehung stammen noch speziellere Unterdrückungsbotschaften, die eine Verschärfung der Ohnmachts- und Minderwertigkeitsgefühle bewirken können: »Laß dir nichts zuschulden kommen; du bist nicht für dich da, sondern zum Dienst für andere; dein Herz ist schwarz, böse, sündig, eitel usw.! Du hast kein Recht zu leben, Gnade ist deine einzige Chance; nur wenn du brav, treu, gehorsam und demütig bleibst, bist du für Gott akzeptabel!«

Solche und ähnliche Aufzählungen könnten noch seitenweise fortgeführt werden; sie bewirken alle, daß ein Mensch nicht das wird, was er eigentlich ist. Für jede Art von Hierarchie, Organisation und Manipulation sind solche Menschen aber sehr geeignet.

Für den Entschluß, sein Reich zu suchen und es zu gewinnen, ist darum Mut nötig. Es beginnt immer mit den Fragen: »Wer bin ich eigentlich? Was will ich? Wozu lebe ich?« Im Bild des Märchens gesprochen, ist es die Frage nach dem Reich, nach meinem Reich, das auf mich wartet und das so lange ohne Mitte, ohne Autorität, ohne ordnende Kraft bleibt, bis ich endlich die Regierung übernehme.

Psychologisch ausgedrückt ist es der Weg nach innen, nach dem Ich und nach meinem Selbst. Was gehört alles zu mir, und was macht meine Persönlichkeit aus? Wofür habe ich allein die Schlüssel und den Zugang? Bin ich in mir, das heißt in meinem Körper, zu Hause? Bin ich mir schon in meiner Seele, in meinen Gefühlen, in meinen Träumen begegnet? Was habe ich aus meiner Geschichte, aus meiner subjektiven Vergangenheit, gelernt? Welchen inneren Stimmen, welchen Idealen, welchen Gesetzen, welchen Prinzipien gehorche ich, und was tue ich davon bewußt und freiwillig? In der Märchensprache ausgedrückt, suche ich den Zugang zu meinem Schloß und die Tür zu meinem Thronsaal. Wer sitzt dort auf meinem Platz, auf meinem Thron?

Jeder darf gewiß sein, daß er Anspruch auf seinen Platz hat. Vielleicht muß er lernen, ein Machtwort gegen die inneren Stimmen oder Stimmungen zu sprechen, die ihn klein machen. Er muß lernen, seine Gefühle auf ihren Platz zu schicken und ihnen nicht länger zu erlauben, alles zu bestimmen. Der Kampf um den Thron kann allen Mut und alle Entschlossenheit fordern. Zum Glück kommt uns im Märchen meist ein guter Geist, ein verwunschenes Tier oder ein Zauberwort zur Hilfe. Dieser gute Geist kann auch in Gestalt eines guten Freundes oder eines Therapeuten erscheinen. Es kann aber ebenso eine starke religiöse Erfahrung sein, die einen Menschen mit der Gewißheit erfüllt, daß er ein »Erwählter« ist und zum König geboren.

Jesus hat die Vollmacht über sein Leben und seine Botschaft in der Stunde seiner Taufe empfangen – den guten Geist, der ihm in dieser Stunde die Gewißheit verlieh, ein Sohn Gottes zu sein und unter göttlichem Wohlwollen zu stehen; »Dies ist mein lieber Sohn, an dem ich Wohlgefallen habe« (Matthäus 3,17).

Sich seiner Verantwortung und seiner Vollmacht über das eigene Leben bewußt zu werden, das kann wie eine Inthronisation sein. Dabei müssen solche Erfahrungen nicht immer mit einem Hochgefühl zusammentreffen. Es kann genausogut auch die Stunde einer verzweifelten Selbsteinsicht sein, die aber nicht in der Verzweiflung steckenbleibt, sondern zu einem heiligen Entschluß führt, das Leben in die eigene Hand zu nehmen und es selbst zu verantworten.

In der klassischen Geschichte vom verlorenen Sohn im Neuen Testament wird diese Wende mit dem kurzen Satz beschrieben: »Da kam er zu sich selbst« (Lukas 15,17).

Wie ich auch immer meine Wende, meine Inthronisation erlebe, die Entscheidung über Gelingen oder Mißlingen wird davon abhängen, ob ich mein neues Bewußtsein, und damit mich selbst, ernst nehme. Kein Wunder macht mich zu einem reifen Menschen. Keine fremde Macht entscheidet darüber, ob ich meine Chance ergreife. Es ist immer eine Frage an mein Wollen und an meine Bereitschaft, konsequent zu werden. Jesus sagte seinen Zuhörern und Mitläufern immer wieder: »Wer mir nachfolgen will, der . . .« So unbescheiden und unfromm das auch klingen mag: Die Entscheidung liegt nicht im Wissen oder Können, sondern im Wollen. Aber auch das Wollen kann gelernt werden; der Wille ist trainierbar.

Die Regierungsbezirke des Reiches

Das Märchenbild vom königlichen Schloß und dem Reich, das vom Schloß aus regiert wird, steht für die ganze Persönlichkeit eines Menschen. Schloß, Thronsaal und Thron entsprechen dem Zentrum der Person, dem Herzen, psychologisch gesprochen: dem Ichbewußtsein mit seinen Funktionen Denken, Fühlen, Wollen. Ich denke, ich fühle, ich will!

Die Regierungsbezirke sind, in unserem Bild gesprochen, die Lebensbereiche meiner Persönlichkeit: mein Körper, meine Seele, mein Geist, meine Vergangenheit, meine Gegenwart, meine Zukunft, meine Wirkungen und mein Schatten.

Diese Einteilung darf aber nur als Bild, als Vorstellungshilfe gesehen werden und meint nicht, daß ein Mensch in dieser Weise einteilbar wäre. Alle Bereiche greifen ineinander, beeinflussen sich gegenseitig und sind nicht gegeneinander abgrenzbar. Es kann jedoch hilfreich sein, diese Lebensbereiche einmal gesondert zu betrachten.

Ein Hauptanliegen dieser Betrachtungsweise ist, keinen Bereich der Person zu übersehen oder zu vernachlässigen. Wer beispielsweise längere Zeit seinen Körper vernachlässigt oder rücksichtslos behandelt hat, muß auch mit Störungen in seiner Psyche rechnen. Damit belastet er auch seine Gegenwart und Zukunft.

Wer seine Vergangenheit ignoriert und aus seiner Lebensgeschichte nichts lernt, wird immer wieder von ihr eingeholt und muß die Fehler, die er gemacht hat, wiederholen: Kränkungen und unverarbeitete Enttäuschungen in der Seele machen auf Dauer auch den Körper krank. Wer weder auf seine Wirkungen achtet noch seinen Schatten entdeckt,

»wer nicht merkt, wie er seine Mitarbeiter« in den Schatten stellt, muß sich nicht wundern, daß seine Beziehungen schlecht sind.

Um nun das Bild vom Regieren im eigenen Reich in mir zu entfalten, kann ich mir folgende Szene vorstellen: Ich bin unterwegs, um mich selbst zu finden. Dieser Weg führt von Äußerlichkeiten und Ablenkung weg in die Stille und Einsamkeit mit mir selbst. Ich stelle mir das Schloß vor, das mein eigentliches Zuhause ist, das nur mir gehört und zu dem ich allein den Schlüssel habe. Ich ziehe mich in mein Schloß zurück, lasse alle Beschäftigungen draußen und betrachte einmal alles, was in mir zu Hause ist. Im Thronsaal sehe ich meinen Thron, der die längste Zeit leer stand, auf dem zeitweise andere Mächte saßen, die mein Leben bestimmten. Jetzt setze ich mich bewußt auf diesen Platz und werde mir klar, daß das mein angestammter Platz ist, den ich nie mehr einem anderen überlassen will.

Hier komme ich zur Ruhe. Mir wird bewußt, wie reich ich eigentlich bin und wie sich alles in mir danach gesehnt hat, endlich einmal diesen Platz zu besetzen und die Besitzverhältnisse in meinem Leben zu klären. Mein Körper, meine Seele mit allen ihren Stimmungen und Gefühlen, meinem Verstand und alle wirren Gedanken warten darauf, daß ich nun selbst bestimme, was in mir und mit mir geschehen soll.

In vielen Bereichen herrschte bisher Anarchie. Mein Körper bestimmte mit seinen Bedürfnissen, was er wollte, oft zu meinem Schaden. Meine Stimmungen und Gefühle beherrschten zeitweise alles und ließen mich nicht zur Ruhe und Klarheit kommen. Meine Vernunft hat schon lange vergeblich versucht, zu Wort zu kommen, wurde aber durch Erinnerungen oder durch Ängste vor der Zukunft überschrien. Jetzt kann ich mir die einzig wichtige und entscheidende Frage stellen: Was will ich eigentlich? Was will ich von ganzem Herzen, von ganzem Gemüt und von ganzem Verstand?

Es ist nicht leicht, in sich zur Ruhe zu kommen und die vielen inneren Stimmen zum Schweigen zu bringen, um klare Entscheidungen treffen zu können. Wer aber bei sich zur Ruhe kommt – und vielleicht hilft dazu die Phantasiereise ins eigene Innere –, kann ein Aufatmen spüren, das durch die ganze Persönlichkeit geht. Jetzt endlich hat der zuständige Eigentümer und Bevollmächtigte seinen Besitz eingenommen. Es kann dann geschehen, daß sich schnell einzelne Bereiche laut zu Wort melden und Antwort, Hilfe oder Befreiung haben wollen. Der Körper meldet wahrscheinlich seine Bedürfnisse zuerst an. Seine Stimme ist oft am lautesten. Die Gefühle, vor allem die unterdrückten und vernachlässigten, verlangen mehr Berücksichtigung. Aus der Vergangenheit tauchen unangenehme Erinnerungen auf und fordern Klärung, und auch die Zukunft wartet auf längst fällige Entscheidungen.

Am längsten bleiben die Bereiche »Wirkung« und »Schatten« stumm. Sie führten ein Schattendasein, weil sie ihrem Wesen nach außerhalb von uns liegen und meist hinter unserem Rücken sind. Man muß sich schon umdrehen, wenn man seinen Schatten wahrnehmen will. Um seine Wirkungen kennenzulernen, ist es nötig, auf die Stimmen zu achten, die hinter unserem Rücken über uns laut werden.

Es ist daher verständlich, daß einer, der zum ersten Mal den Versuch macht, sein Reich zu regieren, seinen Thronsaal schnell wieder verläßt und sich lieber in den Trubel der Außenwelt stürzt. Daß das Regieren so kompliziert und anstrengend ist, hatte er nicht gedacht, als er anfing. Alle wollen zwar Selbsterfahrung, Selbstbestimmung und Autonomie, aber die damit verbundene Arbeit will keiner so recht leisten.

Wie gut, daß unser Leben funktioniert, auch wenn wir uns selbst lange vernachlässigen. Unser Körper kann lange ohne Aufmerksamkeit und Pflege existieren. Unsere Seele hat einen starken Überlebenswillen und wehrt sich auf ihre Weise, wenn sie zu wenig Berücksichtigung findet. In keinem Bereich geht es so zu, wie es sein könnte, und nirgendwo in unserer ganzen Persönlichkeit herrschen der Friede und das Wohlsein, die dem Reichtum und den Möglichkeiten entsprechen, die in uns angelegt sind.

Gehen wir ruhig noch einmal zurück in unser Schloß. Besuchen wir als die allein bevollmächtigten Eigentümer jeden einzelnen Bereich und staunen wir zunächst einmal, wie reich wir sind! Änderungen müssen nicht alle auf einmal geschehen. Regieren, Ordnen, Befrieden, Wecken und Entfalten sind Aufgaben für ein ganzes Leben.

Es ist sinnvoll, sich jeden Tag etwas Zeit zu nehmen, bevor wieder andere etwas von uns wollen und Termine uns bestimmen. Es ist wichtig, auf dem Thron unseres Schlosses zu sitzen und Anweisungen zu geben, was in uns und mit uns geschehen soll nach unserem Willen und in der Vollmacht, die jedem über sich selbst verliehen ist.

Langsam kann ich die vorher so unangenehmen Fragen – »Wer bin ich eigentlich? Was hat mein Leben für einen Sinn? Was will ich?« – beantworten. Es sind die wichtigsten Fragen meines Lebens überhaupt – die Fragen, die das Leben an mich stellt. An meiner Antwort entscheidet sich Sinn oder Unsinn meines Lebens. Es ist die Antwort auf die Frage, die Gott der Frau des Rabbi stellte: »Wer bist denn *du* eigentlich?«

Die Bereiche der Persönlichkeit

Der Körper

Oberflächlich betrachtet, ist der Körper der Bereich unseres Lebens, den wir am besten zu kennen meinen. Ist er doch das, was wir, im wahrsten Sinne des Wortes, »begreifen« können. Durch ihn nehmen wir unser Dasein wahr. Unser Leben wird auch durch unsere Körperlichkeit definiert. Wenn er erscheint, in der Stunde der Geburt, beginnt unser Leben, und sein Tod beendet es.

Und doch haben wir oft ein sehr distanziertes Verhältnis zu unserem Körper. Am Anfang müssen wir mühsam lernen, mit ihm umzugehen, bis er unserem Willen gehorcht und so funktioniert, wie wir es haben wollen. Für viele ist es ein lästiger Prozeß, wenn er uns am Lebensabend nicht mehr so gehorcht, wie wir es von ihm erwarten. Aber auch zwischendrin erleben wir mancherlei Probleme. Es ist kaum möglich, all die Schmerzen und Beschwerden aufzulisten, die wir durch unsere körperliche Daseinsform durchzumachen haben – vom Zähnebekommen über die vielen Schrammen und Beulen beim Zusammenstoß mit unserer harten Umwelt bis zu den großen und kleinen Krankheiten.

Über die leib-seelischen Zusammenhänge ist in den letzten Jahren vieles entdeckt und bewußt geworden. Selbst unser Charakter hat etwas mit unserer körperlichen Konstitution zu tun.

Viele fühlen sich auch in ihrem eigenen Körper nicht zu Hause, andere benötigen viele Helfer, Ärzte und andere Heilkundige, um mit sich und ihrem Leib zurechtzukommen. Abgesehen aber von den offensichtlichen Störungen, für die wir Fachkräfte zu Hilfe rufen können, leben doch viele mit ihrem Körper irgendwie in einem Kriegszustand. Viele Bedürfnisse, die noch nicht gelebt worden sind, erzeugen Unruhe und Spannungen und machen deutlich, daß unser Leib anscheinend ein Eigenleben führt, das mit unserem Bewußtsein und unseren Wünschen schwer in Einklang zu bringen ist.

Wie oft möchten wir aufgrund unserer körperlichen Bedürfnisse essen, trinken, schlafen, sexuelle Befriedigung haben, doch wir erlauben es uns nicht, sicher aus jeweils sehr vernünftigen Gründen. Es scheint, als ob unser Körper manchmal eigene Begründungen habe, die mit dem, was wir wollen, sollen oder dürfen, nicht gut in Einklang zu bringen sind.

Es gibt erstaunlich wenige Menschen, die mit ihrer Körperlichkeit so ganz zufrieden sind. Viele haben auch Schwierigkeiten, ihren Körper, so wie er ist und aussieht, anzunehmen. Sie wünschen sich entweder größer, kürzer, breiter, schmaler, hübscher, attraktiver oder sonstwie zu sein, jedenfalls anders, als sie sind.

Da unser Körper das einzig Sichtbare an uns ist, das, was von anderen wahrgenommen wird, ist unser Ansehen und damit häufig auch unser Wertgefühl davon abhängig, wie wir aussehen. Unsere westliche Gesellschaft hat viele Maßstäbe entwickelt, an denen jeder messen kann, ob er dem entspricht, was gesellschaftlich gern gesehen und als schön befunden wird. Für viele bedeutet das ein großes Problem, und die Verarbeitung der Mängel, die die äußere Erscheinung betreffen, kostet nicht wenig Energie.

Der Körper ist der Bereich, durch den wir einerseits die schönsten Genüsse und Befriedigungen, aber andererseits auch tiefe Demütigungen und Schmerzen erleben. So ist es nicht verwunderlich, wenn viele Menschen ein sehr zwiespältiges Empfinden im Blick auf ihre Körperlichkeit haben und nicht immer glücklich sind mit dem, was sie mit ihm erleben.

Den Körper als Regierungsbezirk Nummer eins in meinem Reich gelten zu lassen, ist ungewohnt. Und doch sind wir gerade heute, vielleicht zum ersten Mal in der Geschichte der Menschheit, in der Lage, unser Leben aus diesem Blickwinkel zu sehen. Das würde bedeuten, dem Körper eine neue Würde zu geben und dementsprechend mit ihm als Geschenk und einzigartige Möglichkeit umzugehen.

Im Christentum wurde der Leiblichkeit kein hoher Stellenwert zugemessen. Der Körper war das Schlachtfeld, auf dem die Kämpfe zwischen Wollen und Dürfen, Gehorsam und Lust und nicht zuletzt auch zwischen Leben und Tod ausgetragen wurden. Deshalb mußten die Bedürfnisse unterdrückt oder zumindest diszipliniert werden. Das Leibliche wurde als minderwertiger eingeschätzt als das Geistliche, und die »allzumenschlichen« Bedürfnisse mußten demzufolge versteckt, kontrolliert und nach Möglichkeit abgestellt werden. Der Körper war der Untertan, der Lastesel, das Gefängnis der Seele, das, was geopfert werden mußte, wenn es um höhere Belange ging. Auch Jesus hat noch gesagt, daß es besser sei, eine Hand abzuschlagen oder ein Auge auszureißen, als die Seele zu verlieren. In erschütterndem Ausmaß erleben wir heute noch diese Körperverachtung im Islam.

Wenn wir vom königlichen Leben im eigenen Reich sprechen wollen und den Körper als den Bereich Nummer eins deklarieren, beginnen wir einerseits mit einer sehr unterdrückten Schicht im Staat, gleichzeitig aber auch mit einer sehr praktischen Seite des Lebens. In keinem anderen Abschnitt können wir so direkt und handgreiflich Veränderungen bewirken und den Erfolg erkennen. Nirgends sind wir uns aber auch so nah, so ausgeliefert und vielleicht auch so ungeübt oder resigniert, wie beim Umgang mit unserem Körper.

Wichtigste Voraussetzung für alle Veränderungen ist eine positive Grundeinstellung. Wer König- oder Königinsein als Gewaltherrschaft, als absolute Monarchie versteht, wird nicht viel Erfolg und noch weniger Freude an der Regentschaft in seinem Körperbereich haben. Auch wird der, der sein Leben nur als Last und seine Lebensgestaltung als eine Zumutung empfindet, wenig Erfolg und wenig Lust haben, auch noch die Verantwortung für sich zu übernehmen.

Es ist viel leichter, sich als ein Opfer seiner Lebensumstände zu fühlen. Was kann ich schon für meinen Körper, schließlich habe ich ihn mir nicht ausgesucht! Was kann ich schon für meine Krankheiten! Wie soll ich Verantwortung für mein Leben übernehmen, wenn ich in einer Umwelt leben muß, die mir das Leben erschwert die mich durch unendlich viele Schadstoffe vergiftet und mich ständig von allen Seiten bedroht! Es ist schwer, diese Einstellung durch Gegenargumente zu widerlegen. Aber ändern kann sich nur, wer sich ändern will und wer bereit ist, sich, das Leben und seine Chancen positiv zu sehen.

Jeder hat aber das Recht und die Möglichkeit, die Herrschaft über seinen Körper zu übernehmen. Wie ich diese Herrschaft ausübe, liegt in meiner Entscheidung. Es gibt sehr unterschiedliche Formen des Umgangs mit sich selbst, und jeder hat die Möglichkeit, seine eigene zu entwickeln.

Der »königliche« Umgang mit dem eigenen Körper zeigt sich vornehmlich darin, wie ich mit Achtung und Aufmerksamkeit das tue, was dem Leib guttut. Ich kann ihn verwöhnen oder vernachlässigen, kann ihn unnötigen Gefahren aussetzen oder durch Genußgifte langsam zerstören. Ich kann ihn wie einen Sklaven behandeln, dessen Wert nur in seiner Arbeitsleistung liegt, oder ich kann allen seinen Bedürfnissen nachgeben und ihn auf den Thron setzen wie einen Gott.

Wenn ich aber die Weisheit und die Begabungen des Körpers erkenne, kann er mir wichtige Informationen geben, Wahrnehmungen, die mir durch andere Bereiche meiner Person nicht zugänglich sind. »Dein Körper weiß die Antwort« ist der Titel eines sehr hilfreichen Buches (Martin Siems, rororo 7968) mit der Anleitung, die Weisheit des Körpers zu erfahren. Ich kann lernen, durch meinen Körper über innere Prozesse der Seele Auskunft zu bekommen, die meinem Verstand anders nicht zugänglich sind.

Leider erfahren wir die Weisheit unseres Körpers oft erst in Krankheiten, bei schmerzhaften Störungen oder Ausfallserscheinungen; dann, wenn er rebelliert und den Gehorsam aufkündigt. Jetzt endlich schenken wir ihm die Aufmerksamkeit, die wir ihm bis dahin vorenthalten haben. Deshalb kann manche körperliche Störung ein hilfreicher Streik sein, der uns die Chance gibt, über uns und unseren Lebensstil nachzudenken.

Noch sind nicht alle Bereiche in der Medizin so auf Vorsorge eingestellt, daß sie uns warnen, beraten und ermuntern, das Potential unserer Leiblichkeit zu pflegen und sinnvoll zu nutzen. Meist tritt die Medizin erst in Aktion, wenn eine Störung aufgetreten ist und eine Reparatur ansteht, die oft nur noch den Schaden eindämmen, aber nicht mehr beseitigen kann.

Verantwortung für den Körper zu übernehmen kann ein anstrengendes und umfassendes Programm sein, je nachdem, wie und ob ich mich vorher für diesen Bereich interessiert habe. Die Gesundheit ist eine Seite, die verantwortet werden will. Ich kann warten, bis mir etwas weh tut, und dann nachsehen; ich kann aber auch so leben, daß es nicht erst zu Störungen kommt.

Bei vielen herrscht, was ihren Körper angeht, eine Diktatur der Triebe. Paulus bezeichnet einmal diesen Typ mit dem drastischen Ausdruck: »deren Bauch ihr Gott ist«. Wer entscheidet beispielsweise, wann und wieviel ich esse oder trinke, schlafe oder mich bewege? Es ist erstaunlich, wie oft intelligente und einflußreiche Menschen ihrem Körper gegenüber ohnmächtig sind und wenig Selbstkontrolle haben.

Aber auch die andere Seite dieser Lebensart ist häufig. Wie lieblos, wie wenig zärtlich behandeln viele ihren Körper. Wenn sie keine Zärtlichkeit von anderen empfangen, bleibt ihre Haut ungestreichelt.

Dies ist kein Handbuch für körperbewußtes Leben. Es soll aber eine Anregung sein, diesen Regierungsbereich einmal sorgfältig wahrzunehmen und nach dem Rechten zu sehen, um bewußt zu entscheiden, was der Würde der Persönlichkeit entspricht. Vielleicht muß das Ich von seiner Vollmacht Gebrauch machen und ein Machtwort sprechen, um die körperlichen Belange in Ordnung zu bringen. Es kann sein, daß der erste Schritt darin besteht, sich einmal gründlich medizinisch untersuchen zu lassen und den Rat einer Fachkraft zu befolgen, damit Ordnung und Frieden und Gesundheit den gegebenen Möglichkeiten entsprechen. Vielleicht gibt es für manches nur noch ein Notprogramm, aber ich sollte entscheiden und tun, was mir möglich ist.

Das Reich der Seele

Obwohl wir das Wort »Seele« häufig verwenden, ist es doch ein verschwommener Begriff geblieben. Die einen sagen, die Seele sei das Unsterbliche am Menschen, die anderen meinen, der oder jener sei eine »Seele von Mensch«, und da es Tierpsychologen gibt, müssen auch Tiere eine Seele haben. In der Statistik gebrauchen wir ebenfalls dieses Wort und sagen: »Unser Ort hat 1200 Seelen.«

Ich will hier keine Definition für das geben, was ich unter Seele bzw. Psyche verstehe. Ich will aber versuchen, das zu beschreiben, was in unserem Bild vom Königreich der Bereich der Seele ist, das Gebiet, das uns am meisten beschäftigt und doch noch am wenigsten erforscht ist. Die Seele ist die terra incognita, die unbekannte Welt, die aber unser Dasein mehr bestimmt als irgendein anderer Raum unseres Lebens.

In diesem Bereich unseres inneren Königtums wird eine eigene Sprache gesprochen, die Sprache der Bilder und der Träume; hier erleben wir seltsame und überraschende Ausbrüche von ungeahnten Energien, denn hier sind die Wohnungen unserer Ängste und Ahnungen und die Schauplätze unserer Begeisterung und Leidenschaften.

In unserer Seele herrschen Liebe und Haß, kämpft Wut gegen Mut. Hier sind auch die Krankenhäuser und Siechenheime unserer Enttäuschungen, Verletzungen und Kränkungen. Hier gibt es Bereiche, wo unsere Wünsche und Sehnsüchte ihr Versteck haben, und auch die Gefängnisse unserer Hemmungen und Komplexe, die das ganze Leben verdüstern können. In unserer Seele finden wir die Gipfel der Lust und die Täler der Traurigkeit. Wer wagt schon zu sagen, er kenne seine Seele und finde sich in ihr zurecht?

Warum beunruhigen uns manchmal Träume und plagen uns zeitweise unerklärliche Stimmungen? Wer bestimmt und regiert in diesem Land, und wie können wir Licht in diese geheimnisvolle Welt bringen? Wie können wir die Verantwortung für das übernehmen, was sich in uns abspielt, oder wie können wir bestimmend auf diese innere Welt einwirken?

Wahrscheinlich werden wir diese weite und unendlich reiche Wirklichkeit in uns immer nur teilweise erkennen; manches wird unerforscht bleiben, aber vieles wartet darauf, entdeckt, befreit und geheilt zu werden. Gegensätze und Streitpunkte warten auf Befriedigung. Alles in uns sehnt sich danach, erkannt, anerkannt und einander zugeordnet zu werden. Kein anderer Bereich wartet so sehr darauf, aus der Anarchie befreit und zu einer fruchtbaren Entfaltung und Ordnung zu kommen. Wer aber König oder Königin im Reich seiner Seele ist, verfügt über ungeahnte Energien, Gaben und Erlebnisfähigkeiten.

Heute, in einer Zeit des wachsenden Interesses an seelischen Kräften, ist auch das Interesse an Informationen darüber groß. Die Literatur über die Bedeutung der Träume, über den Umgang mit Gefühlen, Kurse mit Selbsterfahrung und Einführungen in die Geheimwissenschaften der Esoterik usw. werden überall angeboten und sind unübersehbar geworden. Psychologen, Therapeuten, Gurus, Seelsorger, Seelenführer, Astrologen als Berater haben Konjunktur.

Gleichzeitig erschrecken wir über die plötzlichen Ausbrüche und Exzesse von Menschenmassen, die, als ob sie nur eine Seele hätten, Wahnsinnstaten begehen. Wir staunen über die schier unbegrenzte Manipulierfähigkeit dieser Massenseele durch totalitäre Machthaber, vor allem, wenn sie auch noch religiöse Führer sind. Wie sie das Potential der Angst, des Hasses oder der Wut zu allen Übeltaten mißbrauchen können. Die Seelenführer sind immer auch Meister der Bilder und verstehen und sprechen die Sprache der Seele.

Die Seele, so wird uns hier deutlich, ist nicht nur eine Innenwelt, sondern auch offen nach außen. Sie kann infiltriert, überwältigt und verführt werden. In der Masse ist die Seele des einzelnen am verführbarsten; das gilt auch für eine Masse aus frommen Menschen. Panik, Wut und Haß, Halluzinationen sind nicht nur im einzelnen mächtig, sondern können auch massenpsychologisch wirken.

Die Verantwortung und die Regentschaft über die eigene Seele aufzunehmen ist ein wichtiger Entschluß. Es ist der Entschluß, nicht länger das Opfer der eigenen unkontrollierten Gefühle und Stimmungen zu bleiben und nicht mehr weiter unbewußt zu leben. Es ist auch der Entschluß, gegen Verführungen jeder Art wachsam zu werden.

Ich will nicht mehr hilflos und verständnislos mir selbst gegenüberstehen und mich den Vorgängen in meinem Inneren ausgeliefert wissen. Ich will mich selbst kennenlernen und nicht die Arbeit scheuen, die Sprache meiner Seele und den Umgang mit ihr zu lernen und die Bedeutung meiner Träume zu erkennen. Ich bin der rechtmäßige und kompetente Eigentümer meiner Seele und will sie in Besitz nehmen. Ich will meine Seele nicht willenlos und naiv denen aussetzen, die mich gegen mein eigentliches und eigenes Interesse ausnutzen.

Mit dieser bewußten Entscheidung stehen wir aber erst am Anfang der Erforschung unseres inneren Reiches. Wir werden bald merken, daß wir zwar reich sind an Gaben und Kräften und Möglichkeiten, daß es aber nicht leicht ist, mit diesem Reichtum umzugehen. Für manchen mag schon der Gedanke unangenehm sein, plötzlich nicht mehr einfach Gefühle und Stimmungen zu haben und sich ihnen hinzugeben oder auch unter ihnen zu leiden, sondern nun verantwortlich dafür zu sein. Diese Erfahrung kann aber, wenn auch mit Angst gepaart, als ein Glücksgefühl erlebt werden, wie wir es zum Beispiel hatten, als wir zum ersten Mal allein in einem Auto saßen und jetzt nur auf uns angewiesen waren. Noch drastischer wird diese Erfahrung beim ersten Alleinflug erlebt. Leider gibt es noch keine Fahrschulen oder Regierungsanleitungen für den Umgang mit den Kräften des Unbewußten, noch keinen Führerschein für Gefühle, obwohl wir uns oft gegenseitig mit unseren ungesteuerten Gefühlen überfahren.

Nachdem die Menschheit die großen Eroberungen und

Abenteuer in der Erforschung der Außenwelt geleistet hat, ist heute die Zeit reif für den Aufbruch in die noch unbekannten Räume unserer Innenwelt, unserer Seele.

Um sich selbst besser kennenzulernen, ist es nötig, die vorgegebenen Klischees für den psychischen Bereich aufzugeben. Jeder ist auch hier ein unvergleichliches Original. Jeder hat seine eigene Sprache in seinen Träumen. Kein Traumbuch ist kompetent, mir zu sagen, was mein Traum bedeutet. Nur ich kann es selbst herausfinden, vielleicht unter vorsichtiger Anleitung. Auch kann nur ich selbst meine Gefühle richtig erspüren und meine eigenen Ausdrücke dafür finden, Bilder und Metaphern, die mir entsprechen. Meine Angst ist nicht dieselbe wie deine Angst, meine Liebe hat eine andere Farbe und Gestalt als deine. Meine Traurigkeit fühlt sich anders an als die jedes anderen, und niemand kann bestreiten oder wegdiskutieren, was ich empfinde.

Zur Übernahme der Verantwortung für meine Seele gehört die Abgrenzung gegen jeden Übergriff und jede Manipulation. Keiner darf mir sagen, was ich fühle oder zu fühlen habe. Es geht auch um eine Entmachtung der in mir noch herrschenden Stimmen und Urteile. Teilweise stammen sie aus meiner Kindheit und haben sich so in mir eingenistet, daß ich manchmal nicht merke, wie sehr mein Urteil, mein Geschmack, meine Empfindungen nicht mein Ureigenes, sondern nur aufgesetzt sind.

Zur Übernahme der Herrschaft in meinem Inneren gehört darum die Entthronung von Autoritäten, denen ich bisher gehorcht und deren Urteil ich bisher geglaubt habe. So überprüfe ich beispielsweise meine Beurteilungen über mich selbst, über meinen Wert, über meine vermeintlichen Grenzen, über das, was ich kann und nicht kann; ich prüfe meine internalisierten Ideale, ob sie mir heute noch entsprechen, meine Verhaltensmuster und das, was sie geformt hat. Ich befrage meine Stimmungen, woher sie kommen, und erforsche die Stimmen, die sie verursacht haben. Ich stelle auch die Autorität meiner Erfahrungen in Frage und entscheide neu, ob sie heute noch Gültigkeit haben sollen, oder ob ich nicht ganz neue Erfahrungen machen kann.

Das Ziel dieser Bemühungen ist es, mich in mir selbst zu Hause und wohl zu fühlen wie in meinem Eigentum. Ich will meine Seele bewohnen und mich darin auskennen und entscheiden, für wen und für was darin Platz sein soll. Ich will auch die Schätze meiner verborgenen Talente heben und so mit ihnen umgehen, daß sie mein Leben bereichern und durch mich auch für andere eine Bereicherung sind.

Wer sich aufmacht, seine Seele zu gewinnen, wird überraschende Erfahrungen machen. Immer dann, wenn ich auf ein Gefühl, eine Mißstimmung oder auf eine Hemmung treffe, kann ich sie wahrnehmen und das Gespräch damit eröffnen. Ich kann lernen, bewußt mit mir, mit meinen inneren Bereichen zu reden. Die Phantasie ist dabei eine gute Hilfe. Ich stelle mir vor, die Hemmung, die vorher mehr unbewußt in mir wirkte und meine Entfaltung blockieren konnte, anzusprechen. Ich setze sie, wie in einem Phantasiespiel, mir gegenüber und stelle die Frage, was sie als Hemmung eigentlich bezweckt und woher sie stammt. Vielleicht fällt mir ein früheres Erlebnis ein, das ich verdrängt hatte, weil es mir peinlich war. Als Hemmung konnte aber dieses Erlebnis unbewußt in mir gegenwärtig sein und seine Wirksamkeit ausüben. Vielleicht habe ich diese Hemmung, deren Ursache längst vergessen war, wie ein Schicksal angenommen. Für mein Bewußtsein hatte ich Erklärungen: »Das liegt mir nicht; dafür interessiere ich mich nicht.« Damit konnte ich mich rechtfertigen und brauchte die Hemmung nicht ständig zu spüren. Jetzt kann ich der Hemmung, wenn ich ihre Ursache entdeckt und ihre Absicht entlarvt habe, befehlen, mich loszulassen. Ich kann ihr deutlich sagen, daß ich mehr bin und kompetenter als sie und daß ich ihre Macht über mich nicht mehr dulde. Ich entscheide mich, das bisher durch Hemmung ausgesparte Stück Leben bewußt und energisch aufzunehmen und trotz der damit verbundenen Ängste zu erproben.

Ein weiterer Bereich in dieser inneren Welt sind die vielen großen und kleinen Verletzungen aus meiner Kindheit, Jugend und dem späteren Leben. Vielleicht ist es an dieser Stelle hilfreich, einen guten Freund oder eine für mich kompetente Person zu Hilfe zu holen. Kein Regierungschef muß alle Arbeit allein verrichten; er hat seine Minister (Diener), seine Fachkräfte, die ihm helfen.

Wer einmal angefangen hat, seine innere Welt zu entdekken und ernst zu nehmen, wird sich gern mit anderen darüber unterhalten und Erfahrungen austauschen, wird sicher auch psychologische Literatur interessiert lesen und die Zeit, die er dafür verwendet, als besonders wertvoll erleben.

Wenn schon unser Körper eine eigene Weisheit besitzt, die wir hören und ernst nehmen können, wieviel größer ist die Weisheit der Seele mit ihren unendlichen Räumen und Erfahrungen. Da wir im Unbewußten auch Kontakt haben mit dem Reichtum anderer Generationen, mit den Erfahrungen aller Menschen von ihrem Ursprung an, ist das Potential unserer inneren Weisheit unerschöpflich. Durch unsere Seele sind wir mit allen lebenden Wesen dieser Welt verbunden und können, wenn wir die Angst überwinden und offen dafür sind, die Kräfte und den Reichtum des Lebens in Anspruch nehmen.

Du bist reicher, als du denkst!

Das Denkvermögen

Der Ausdruck »Denkvermögen« beschreibt nur einen Teil des Bereiches, der unter die Autorität des »Ich will« kommen soll. Der Begriff Geist als Titel für dieses Gebiet wäre ebenso unzureichend und mißverständlich. Zu der Fähigkeit des Denkens kommen auch das Wahrnehmungsvermögen und das Bewußtsein.

Daß wir denken können, ist für die meisten selbstverständlich, und sie sind auch der Überzeugung, daß es nur eine vernünftige und logische Art des Denkens gibt. Wenn man nur richtig denkt, kommt man auch zu den richtigen Lösungen. Die Logik ist für viele etwas Ähnliches wie Wahrheit.

Bereits in der Familie und später in der Schule haben wir denken gelernt. Nur relativ wenige haben aber über die Art ihres Denkens nachgedacht. Warum denke ich das, was ich denke, und warum denke ich so, wie ich denke? Diese Fragestellung ist wahrscheinlich weithin unbekannt, zumindest ungewohnt.

Erst im Zusammenleben mit Andersdenkenden wird das Denken zu einem Problem. »Wie kann man nur so komisch denken?« Diese Frage kann schon in der Begegnung mit dem anderen Geschlecht, spätestens in der Ehe auftreten. Akut wird diese Unterschiedlichkeit besonders, wenn wir Menschen aus anderen Kulturkreisen oder Glaubensrichtungen begegnen.

Ganz allgemein ist festzustellen, daß wir bei weitem nicht alle Möglichkeiten unseres Denk- und Wahrnehmungsvermögens kennen und auch nur einen kleinen Teil der Fähigkeiten unseres Großhirns nutzen.

Um uns diesen Bereich unserer Persönlichkeit zugänglich zu machen und später auch hier die Verantwortung übernehmen zu können, lohnt es sich, verschiedene Möglichkeiten des Denkens kennenzulernen.

Von Natur aus sind wir in unserem Denken unselbständig

und auf das angewiesen, was wir von unserer Umwelt, von Eltern, Geschwistern und Erziehern aufnehmen. Ihre Denkformen und Urteile, die Art, wie sie das Leben und die Realität sehen, prägen sich uns wie selbstverständlich ein.

Was wir denken, ist richtig! Wer anders denkt, ist dumm oder böse! Jeder kann doch, wenn er nur will, richtig denken!

Denken hat immer auch mit Urteilen zu tun. Die wichtigsten Bewertungen, nach denen wir messen, und Einstellungen, die unserem Leben Richtung geben, haben wir in einer Zeit aufgenommen, in der wir noch nicht reflektieren oder prüfen konnten. In unserem Gehirn sind Denkvorstellungen und Denkmuster eingeprägt, die wir normalerweise nicht hinterfragen, weil wir sie nicht bewußt aufgenommen haben.

Der Anfang der Selbstbestimmung über mein Denken beginnt mit der *Bewußtwerdung*, mit der Frage nach dem Warum und dem Woher meiner Denkgewohnheiten.

Wer hat mich geprägt? Wer hat mir am meisten imponiert? Wer setzte die Maßstäbe in der Familie, und gegen wen habe ich mich am meisten zur Wehr gesetzt? Mit welchen Gruppen, Richtungen und Ideen habe ich mich identifiziert? Neues Denken beginnt immer mit Fragen an das bisher Gedachte.

Zur Reifung der Persönlichkeit ist es notwendig, bewußt zu entscheiden, was ich von den bisherigen Gewohnheiten behalten und wovon ich mich lösen will, weil es nicht mehr zu mir paßt. Das betrifft alle Bereiche meines Lebens, wenn auch nicht immer alle zur gleichen Zeit. Der Lösungsprozeß aus den Strukturen des Elternhauses darf bei einer gesunden Entwicklung auch nicht vor den Denkgewohnheiten und Wertvorstellungen der Umwelt haltmachen. Bisher war mein Denken bestimmt durch das, was man bei uns zu Hause dachte und meinte und wie man bestimmte Vorgänge beurteilte.

Mein bisheriges Bewußtsein und mein Wahrnehmungsvermögen sind durch mein soziales Umfeld bestimmt. Auch meine Erfahrungen – das, was ich in der »guten« Schublade sammle – sind abhängig von den mir mitgegebenen Maßstäben und Bewertungen, von dem, was »man« tut und was »man« läßt, was gut ist und was böse, wer recht hat und wer im Unrecht ist, was »man« sagen darf und was nicht, wie man über andere zu denken hat, was wichtig ist und worauf es im Leben ankommt, wer als ein anständiger Mensch anzusehen ist, wen man sich zum Vorbild nimmt und wen man zu meiden hat.

Es erfordert viel Mühe, sich seiner Denkmuster bewußt zu werden, sie zu prüfen und eventuell neu zu ordnen. Der Einfluß des Denkens auf meine Lebensgestaltung ist aber unübersehbar, und ein neues Denken kann eine kopernikanische Wende in meinem Leben bedeuten. Zentrale Tatsachen und auch Glaubenssätze können sich so verändern, daß mein Leben eine neue Richtung bekommt.

Zu den übernommenen Denkweisen kommen aber auch noch persönliche Grundmuster, die mit meiner Grundeinstellung, teilweise mit meinem Temperament zu tun haben. Neige ich mehr zu einer pessimistischen Lebensauffassung, oder bin ich optimistisch? Bin ich vital und durchsetzungsfähig, oder neige ich mehr zur Flucht? Diese Grundformen meiner Lebenseinstellung bestimmen entscheidend, was und wie ich meine Erinnerungen speichere und meine Erfahrungen sammle. Mein Denken, mein Rationalisierungsvermögen wird immer wieder versuchen, meine Grundeinstellung zu bestätigen. Der Pessimist wird sich beweisen, daß er recht hat mit seiner Skepsis. Er hat die entsprechenden Fakten sofort aus seiner Erinnerung zur Hand. Für ihn wird sich sein Weltbild immer wieder bestätigen. Dasselbe gilt auch für den Optimisten. Eine solche einseitige Wahrnehmung und Speicherung wird uns auch durch unsere politische oder religiöse Umwelt aufgenötigt, leider so, daß wir es zunächst nicht merken.

Faszinierend ist der weltweite politisch-philosophische

Umdenkprozeß in der ehemals kommunistischen Welt, gekennzeichnet durch die Begriffe Glasnost und Perestroika. Beide Begriffe sind typisch und entscheidend für jede Art Umorientierung im Bereich des Geistes. Offenheit und Wandlung! Offenheit ist die Kritikfähigkeit sich selbst und seiner Geschichte gegenüber und das Ende des bisher geschlossenen Weltbildes. Offenheit löst zunächst Angst aus. Ich weiß nicht, was alles in Frage gestellt werden kann und welcher gedankliche Erdrutsch dadurch ausgelöst wird. Wandlung ist die Konsequenz des neuen Denkens. Es ist der Exodus aus gewohnten Denk- und Lebensmustern und der Beginn eines Weges ohne Sicherheit.

Wandlungen fangen immer, wenn sie gesund sind, im Kopf an; sie sind Änderungsvorgänge im Denken, Wahrnehmen und Bewußtwerden. Ich bin und lebe, was ich denke!

Aber der kritische Rückblick und die Überprüfung des Denkens genügen nicht. Auch der Aufbruch ist noch nicht ausreichend, um die inneren Machtverhältnisse zu verändern. Wichtig ist auch die Entdeckung, daß es darüber hinaus neue Denkmöglichkeiten gibt.

Es gibt mehr als nur logisches und sachliches Denken. Die rationale Vernunft ist nicht die höchste und letzte Stufe. Es gibt mehr als richtig und falsch. Ich kann bei aller Logik und Geistesschärfe immer noch destruktiv denken. Neu wäre zum Beispiel eine konstruktive Art des Denkens im Unterschied zur analytischen Denkweise.

Es gibt auch eine kreative Art zu denken. Viele könnten sich in geniales Denken einüben und so die bisherigen Grenzen des Gedachten sprengen und neue Räume aufschließen. Genial zu denken ist nicht nur die logische Fortsetzung des Bisherigen, sondern die Fähigkeit, sich das Ungewohnte und bisher Ungedachte vorzustellen und darüber nachzusinnen. Es ist ein Denksprung über die bisherigen Denkmöglichkeiten hinaus. Geniale Menschen sind nicht Sonderexemplare des »homo sapiens«. Genialität kann geübt werden, ist lernbar.

Jede neue Sprache, in die ich mich hineindenke, erschließt mir auch eine neue Art zu denken, zu kombinieren und die Wirklichkeit zu erfassen. Jede Form der Kunst, des Glaubens, der wissenschaftlichen Forschung, jede neue kreative Tätigkeit oder die Beschäftigung mit grenzüberschreitenden Erfahrungen ist verbunden mit neuen Möglichkeiten, die noch unbekannten und ungenutzten Gebiete unseres Gehirns zu aktivieren und uns neue Reichtümer zu erschließen. Wir nehmen durch unser erweitertes Denken und Wahrnehmen neue Welten mit ihren Möglichkeiten, Kräften und Horizonten in uns auf und erweitern so den Reichtum unserer Persönlichkeit.

Wer seinen Denk- und Wahrnehmungsbereich entdecken und sich zu eigen machen will, beginnt am besten mit einer Bestandsaufnahme: Was sind meine Vorurteile, meine starren Bewertungen, die Grenzen meines Kontaktes mit andersartigen Menschen; meine Angst, Gewohntes verlassen zu müssen? So können Denkbarrieren erkannt und überwunden werden. Das erfordert allerdings nicht wenig Mut.

Die Vergangenheit

Ich bin meine Vergangenheit!

Die Astronomie und die Erfahrungen der Raumfahrt haben uns die Relativität des Zeitbegriffes deutlich gemacht. Auch unsere übliche Zeiteinteilung in Vergangenheit, Gegenwart und Zukunft ist dadurch relativiert. Objektiv erfahren wir das immer häufiger. Ich telefoniere mit meiner Tochter, die ein Praktikum in Neuseeland macht, und muß dabei berücksichtigen, daß dort, wenn ich heute abend anrufe, schon der nächste Tag angebrochen ist. Mein Zeiterleben »heute« ist für einen Teil der Erde schon morgen und auf der anderen Seite noch gestern.

Angenommen, wir könnten unsere Erde von einem Stern aus betrachten, der tausend Lichtjahre von uns entfernt ist, dann würden wir das sehen, was sich vor tausend Jahren hier abgespielt hat. Umgekehrt wissen wir, daß ein Stern, den wir in der Nacht sehen, vielleicht schon längst erloschen ist, während er uns immer noch gegenwärtig erscheint.

Auch in uns ist die Zeit relativ. Unsere persönliche Vergangenheit, die wir in uns tragen, liegt nicht hinter uns, sondern ist in ihren Wirkungen ständig gegenwärtig. Frohes und Trauriges, Verwundungen und begeisternde Erfahrungen sind lebendig. Alles Erlebte hat uns nicht nur geprägt und ist in unserer Erinnerung gespeichert, sondern ist eine mitgestaltende Kraft in unserer Gegenwart. Selbst die Ereignisse, die unser Gedächtnis nicht festhalten konnte, sind dennoch gegenwärtig und wirksam. Die Speicher in unserer Seele für Erlebnisse sind nicht löschbar. Nicht nur unser Kopf, unser Hirn, arbeitet als Speicher für unser vergangenes Leben, sondern auch in unserem Körper sind Erinnerungen festgehalten. Manchmal erkennen wir sie als Spannungen, Verhärtungen im Gewebe oder chronische Organkrankheiten, die wie ein ständig gegenwärtiges Gedächtnis uns mit Ereignissen in Verbindung halten, die unser Bewußtsein längst verdrängt hat. Häufige Kopfschmerzen beispielsweise können mich an Erlebnisse erinnern wollen, wo ich mir zwar den »Kopf zerbrochen« habe, aber nichts verändern konnte. Manche Organe in uns erleiden heute die Folgen für falsche, ungesunde Lebensweisen von gestern.

Meine Vergangenheit ist aber nicht nur ein Ballast, der mich hindert, sondern auch ein unschätzbares Kapital. Vieles habe ich durch Erfahrung gelernt, was mir jetzt als Schatz zur Verfügung steht. Alles erlernte Wissen, alle Erfahrungen, eigene und die durch andere gewonnen wurden, machen mich reich und können mich vor Fehlern bewahren. Ich wäre ein hilfloses Geschöpf und lebensunfähig, müßte ich jedesmal neu die tausend täglichen Entscheidungen überlegen, die in meinem Alltag nötig sind. Vieles weiß ich und tue es, ohne noch überlegen zu müssen, und viele, auch wichtige Entscheidungen treffe ich automatisch aus dem gespeicherten Schatz dessen, was ich mir eingeprägt habe.

Wir nehmen es als völlig selbstverständlich hin, daß wir ohne nachzudenken wissen, wie wir schreiben, rechnen, lesen und reagieren müssen, um unser tägliches Pensum zu bewältigen. Die meisten Verhaltensweisen, Denkmuster und Reaktionen, die unser normales Verhalten bestimmen, haben wir früh gelernt und gespeichert. Das meiste leben und entscheiden wir unbewußt, ohne lange zu überlegen; und es ist gut so.

Manchmal kommen wir aber in Situationen, wo es besser wäre, über das Selbstverständliche nachzudenken und zu fragen, woher wir unser Verhalten beziehen und ob wir es behalten wollen. Wachstumsschritte in unserer Persönlichkeitsentwicklung verlangen ein bewußtes Innehalten und Prüfen, ob die bisherige Art zu leben und zu reagieren, zu entscheiden und zu denken noch stimmig ist; ob es nicht gut wäre, Neues zu lernen. Da gibt es gute, aber auch abschreckende Vorbilder, nach denen wir uns unbewußt verhalten haben. Nicht alle Vorbilder sind für das ganze Leben gut. Nicht alle richtigen Entscheidungen von früher sind auch heute noch richtig.

Zu sich selbst zu kommen bedeutet ein Bewußtwerden der Prägungen, der Grundmuster des Verhaltens und Denkens aus meiner Vergangenheit. Wer und was bin ich eigentlich? Was hat man aus mir gemacht, oder was habe ich aus mir machen lassen? Erst wenn ich die verschiedenen Einflüsse, die mich geprägt haben, erkenne, kann ich bewußt entscheiden, was ich davon als mein eigen behalten will. Dann erst kann ich bestimmen, wer ich bin und wer ich sein will.

Wer seine Vergangenheit verdrängt oder seine Lebensgeschichte ignoriert, verliert dadurch den Zugang zu den Schätzen der Erfahrung und wird in seiner Selbsterkenntnis getrübt bleiben. Die Vergangenheit ist wie ein Bergwerk, aus dem Wertvolles gegraben werden kann, wenn es auch manchmal mühevoll ist.

Es sind aber nicht nur die positiven Erlebnisse, die wertvoll sind, die Mitgift an Begabungen und guter Erziehung zum Beispiel. Auch die schmerzlichen und beschämenden Erinnerungen haben ihren Wert, wenn ich sie betrachte und nach ihrer Bedeutung frage. Erlebte Not kann mich verständnisvoll und mitfühlend machen. Peinliches Versagen, das ich lieber nicht erinnere, kann in mir Barmherzigkeit bewirken. Schwere Verletzungen körperlicher oder gefühlsmäßiger Art können in mir zu einer Reife führen, die meinen Rat und meinen Beistand besonders wertvoll werden lassen. Ich kann, bei entsprechender Betrachtungsweise, alle Ereignisse meines Lebens in ein Kapital verwandeln, das mich und auch andere reicher macht.

Ein Beispiel kann diese Umwandlung von scheinbar negativen Erschütterungen in eine positive Erfahrung verdeutlichen. Sie war eine begabte Musikerin, und alle Prognosen ihrer Lehrer versprachen ihr eine herausragende Laufbahn. Da machte ein lebensgefährlicher Unfall der Karriere ein plötzliches Ende. Ihre verletzten Hände und Arme waren nicht mehr so wiederherzustellen, daß sie die alte Sensibilität und Beweglichkeit wiedererlangen konnte, um ihr Instrument noch meisterhaft zu beherrschen. Eine bleibende Behinderung beendete ihre Laufbahn als Künstlerin.

Zunächst schien das grausame Schicksal ihr Leben sinnlos gemacht zu haben. Ihre leidenschaftliche Liebe zur Musik, ihr unermüdliches Üben und Lernen bis zur Meisterschaft schienen umsonst. Nicht nur ihr Körper, mehr noch ihre Seele hatte einen bleibenden Schaden genommen. Sie war innerlich und äußerlich aus der Bahn geworfen.

In vielen therapeutischen Gesprächen gewann sie Abstand von diesen traumatischen Ereignissen und lernte sich selbst neu zu sehen und ihr Leben zu bejahen. Sie entdeckte auch, daß durch ihre einseitige Begabung andere Gaben unentwikkelt geblieben waren, die jetzt erst auftauchen konnten. Das alte Ideal mit allen Wunschträumen und Hoffnungen mußte sie nicht nur beerdigen, sondern lange Zeit betrauern. Es gelang ihr aber, ein neues Selbstbild zu entwickeln und Schritte zu gehen, die ihr den Weg zu einem neuen Beruf und Lebenssinn eröffneten. Der Schmerz über das Verlorene verwandelte sich langsam in eine tiefe menschliche Reife über Vernunft und Logik hinaus. So kann jedes schwere Ereignis, das unsere Seele verletzt, uns entweder verkrüppeln oder reifen lassen.

Zu meiner Seele gehören aber nicht nur die Speicher für Erlebnisse und Erfahrungen, sondern auch die Schatzkammern meiner unentdeckten Begabungen und ungeweckten Fähigkeiten. Hier sind auch die Bilder gespeichert, die vielleicht lange verschüttet waren, aber im Grunde meine Bildung ausmachen. Mein Temperament gehört zu diesem Schatz und kann mir bewußt werden mit seinen leichten, schönen Seiten wie auch mit seiner Schwere, die mir Mühe macht, aber auch Reife verleiht, wenn ich damit umzugehen lerne.

Meine ganze bisherige Lebensgeschichte wartet darauf,

von mir eine Deutung zu erfahren. Ich habe die Vollmacht, allen Ereignissen eine Bedeutung zu geben. Ich kann sie zu meinen Gunsten und zu meinem Nachteil deuten. Keiner ist reich oder arm an sich; alles ist eine Frage der Betrachtung und was ich daraus mache.

Dieser Prozeß der Deutung meines Lebens und damit meiner Selbstwertung ist eine lebenslange Aufgabe. Er ist deshalb so aufregend und spannend, weil alles davon abhängt, ob ich mich selbst in den Schatten oder ins Licht stelle; ob ich mich als begabt und beschenkt begreife oder als ein hilfloses Bündel ungünstiger Umstände.

Die Vergangenheit ist kein unbewegliches, schicksalhaftes Material, das ich mit mir herumschleppe, sondern sie ist eine immer lebendige Gelegenheit, Kapital daraus zu schlagen. Vielleicht habe ich in der Schule versagt und mir deshalb berufliche Chancen verbaut, meine Wahlmöglichkeiten eingeschränkt. Ich kann das ergeben oder bedauernd hinnehmen. Ich kann aber aus dieser negativen Erfahrung auch Ansporn gewinnen, heute die Gelegenheiten besser zu nutzen. Ich werde die Chancen aber erst entdecken, wenn ich meine Resignation überwunden habe.

Viele leiden, teilweise unerkannt, unter negativen Prägungen, die man ihnen früh beigebracht hat und die sie jetzt verwirklichen, weil sie an sie glauben. Diese Prägungen entstammen häufigen kritischen Bemerkungen der Eltern oder Lehrer. Ich habe sie von denen gehört, von denen ich abhängig war und denen ich damals glauben mußte.

Viele Suchtabhängige und Menschen, die zu ihrem Leben negativ eingestellt sind, tragen in sich unbewußt solche Bewertungen, die sie mutlos machen und in ihnen die Gewißheit nähren, das Leben nicht zu schaffen. Heute kann ich aber dieses negative Drehbuch meines Lebens kritisch überprüfen und es weglegen. Ich muß nicht das erfüllen, was andere einmal von mir gedacht haben. Ich kann ein neues Manuskript für mein Leben schreiben und es verwirklichen.

Vieles ist dabei allerdings eine Frage von Mut und Entschlossenheit.

Aber nicht alles, was meine Seele verletzt hat, läßt sich einfach umdeuten oder umschreiben. Ich kann auch nicht alles allein in mir heilen und mit mir ausmachen. Psychische Verletzungen und Desorientierung in frühen Lebensphasen können die Vergangenheit wie einen unüberwindlichen Berg erscheinen lassen, der die Gegenwart verdunkelt und bedrückt. Es gibt Schäden und Kränkungen, die fachliche Hilfe benötigen. Es gibt auch anlagebedingte Störungen, die vielleicht eine längere Behandlung erfordern.

Hilfe in Anspruch zu nehmen ist keine Schande und kein Zeichen von Schwäche, sondern eher eine Frage der Klugheit. Wichtig ist bei allem nur, daß *ich* diese Hilfe in Anspruch nehme und mich nicht wie ein Opfer fühle, das hilf- und willenlos ist. Ich gehe zum Arzt, ich suche mir den Therapeuten und ich bestimme, welche Behandlung mir wohltut und hilft. Ich bin nicht nur Patient, das heißt Leidender, sondern am Heilungsprozeß aktiv beteiligt.

Autonomes Handeln und Souveränität bedeuten nicht, alles allein schaffen zu müssen und jede Hilfe abzulehnen. Autonomie bedeutet aber, daß ich mich für eine Behandlung entscheide, daß ich den Arzt, Seelsorger oder Therapeuten aussuche. Sie sind dann meine Helfer, aber nicht die Herren meines Lebens.

Zwar liegt manchmal auch ein gewisser Lustgewinn darin, einmal so völlig hilflos und abhängig zu sein und sich einem Heiler anzuvertrauen wie ein Kind der guten Mutter. Wichtig bleibt nur auch in solchen Situationen, daß ich bestimme, wann die Zeit für mich reif ist, wieder auf eigenen Füßen zu stehen und die Behandlung zu beenden.

Meine Vergangenheit gehört zu mir; ich bin meine Vergangenheit. Nehme ich sie in meine Verantwortung und Gestaltung, dann bereichert sie in unschätzbarer Weise mein Leben.

Die Gegenwart

Wenige Menschen leben in der Gegenwart und können das genießen, was ihnen heute an Möglichkeiten gegeben ist. Manche beschäftigen sich zwanghaft mit ihrer Vergangenheit, mit dem, was war, und dem, was hätte sein können. Andere leben mit ihren Gedanken und Gefühlen ganz in der Zukunft. Entweder haben sie Angst vor dem, was kommen kann, und versuchen, sich gegen alle Eventualitäten abzusichern, oder sie sind voll beschäftigt mit dem, was sie einmal sein wollen, und denken nur an ihre Karriere.

Durch beide Einstellungen kann ich mein Leben und mein Erleben in der Gegenwart beeinträchtigen oder verpassen. Ich bin dann nicht Herr über meine Zeit und kann auch die Verantwortung für meine Möglichkeiten heute nicht voll übernehmen. Meine Zeit und meine Gedanken sind dann mit Problemen beschäftigt, die entweder schon waren oder noch kommen.

Im Blick auf die Zeit sind aber alle Menschen gleich. Jeder hat 24 Stunden am Tag und ist verantwortlich, was er mit dieser Zeit anfängt. Viele haben diese Verantwortung für ihre Zeit längst abgegeben. Sie können nicht mehr darüber verfügen, weil sie sich in Abhängigkeiten und Zwängen befinden, die ihnen keinen Entscheidungsraum lassen. Durch den Beruf, den die meisten selbst gewählt haben, ist ein großer Teil der Tageszeit schon festgelegt. Wie ich aber meine Arbeitszeit verbringe, gezwungenermaßen oder freiwillig, liegt an meiner Einstellung. Ich kann den Beruf mit seinen Anforderungen als notwendiges Übel betrachten oder als freigewählte Herausforderung.

Manche haben ihre Zeit durch finanzielle Verpflichtungen so besetzt, daß sie keinen Spielraum mehr haben, sondern unter Druck stehen, alle Zeit zum Geldverdienen zu nutzen. Das Geld hat die Herrschaft über ihre Zeit übernommen, und sie sind jetzt Sklaven ihrer »freiwillig« übernommenen

Verpflichtungen. Jeder hat die Freiheit, sich für Zwänge und Verpflichtungen zu entscheiden oder für Freiräume, die noch Freizeit lassen. Verständlicherweise fühlt sich mancher als Opfer früherer Entscheidungen, die er heute vielleicht so nicht mehr treffen würde. Wer hindert ihn aber daran, seine früheren Entscheidungen neu zu überprüfen?

Zur Regierungsübernahme in meiner Gegenwart gehört eine klare Bilanz über meine zeitlichen Verpflichtungen und eine Neuentscheidung, ob ich alle Verpflichtungen, die ich einmal bewußt oder unbewußt übernommen habe, so weiterführen will. Mancher hat an dieser Stelle seinen Beruf gewechselt, ist aus Verbindlichkeiten ausgetreten, hat Beziehungen beendet oder mit einer Tradition gebrochen, die Zeit beanspruchte, die er heute für etwas anderes einsetzen will. Auch ein König kann nicht immer machen, was er will; er kann und sollte aber entscheiden, ob er das, was er tut, freiwillig oder unter Zwang tut. Kein Mensch ist absolut frei, aber in den meisten Fällen haben wir die Freiheit, uns zu entscheiden, ob wir alles so lassen, wie es ist, oder ob wir unsere Lebensbedingungen verändern wollen.

Viele entschuldigen ihre chronische Zeitnot mit dem Hinweis auf ihre Verantwortungen, Verpflichtungen und andere Notwendigkeiten, denen sie sich nicht entziehen dürfen. Tatsächlich ist aber nur weniges wirklich notwendig, und nicht jede Verantwortung, die ich meine tragen zu müssen, ist echt.

Aber nicht nur Beruf und andere Arbeitsverpflichtungen beanspruchen meine Zeit, sondern meine Gegenwart wird auch stark bestimmt durch meine Beziehungen. Lebe ich mit Menschen, die ich tatsächlich will und die mir entsprechen, oder leide ich vielmehr unter Kontaktüberfluß, weil ich viele Beziehungen einfach weiterführe, die eigentlich schon ausgelaufen sind?

Als praktische Übung schlage ich öfter vor, auf einen Bogen Papier die Namen derer aufzuschreiben, mit denen ich zur Zeit in Verbindung stehe, die meine Zeit beanspruchen und meine Gedanken besetzt halten. Auf diesen Bogen schreibe ich meinen Namen in die Mitte, oder einfach »ich«, und die Namen der Beziehungspersonen rund um mich herum, näher zur Mitte oder weiter an den Rand des Blattes, je nachdem einer mir näher oder ferner steht, je nach gefühlsmäßiger Nähe oder Distanz. Ich werde erstaunt sein, mit wie vielen Menschen ich Kontakt habe.

Jetzt überprüfe ich meinen Bogen und die Namen und ihre Stellung zu mir. Will ich tatsächlich mit all denen Kontakt behalten? Sind da einige Namen, die ich lieber mehr in der Mitte, näher bei mir hätte, und andere, die mir sehr nahe, vielleicht zu nahe sind, die ich lieber weiter weg plazieren würde?

Es liegt in meiner Entscheidung, wie ich meine Beziehungen gestalte und mit wem ich in Beziehung leben will. Was kann ich tun, um den einen mehr in die Nähe, einen anderen mehr aus meiner Nähe zu bekommen? Wem will ich mich jetzt mehr zuwenden und wem meine Aufmerksamkeit entziehen? Ich habe heute, in meinem Gegenwartsbereich, nur ein bestimmtes Maß an Zeit und Energie und bin souverän, zu entscheiden, mit wem ich meine Zeit und Energie teilen will. Das kann Mut kosten, vielleicht sogar Enttäuschungen bereiten.

Ich bin selbst verantwortlich für meine Beziehungen, und Selbstverantwortung bedeutet auch Selbstbestimmung. Wie lange will ich denn noch Opfer meiner mir selbst geschaffenen Verhältnisse bleiben und aus mangelndem Mut meine Zeit und Kraft vergeuden und aus Feigheit die mir wichtigen Beziehungen vernachlässigen?

Gegenwart ist ein Zeitbegriff, aber Zeit wird in Bezügen gelebt. Wie ist die Relation von Arbeit und Freizeit, Gemeinschaft und Alleinsein, Hobby und Pflichten? Wenn die Verhältnismäßigkeiten nicht stimmen, werde ich nicht nur unzufrieden, sondern komme auch unter Streß. Streß ist ein

Zeitproblem und entsteht durch falsche Zeiteinteilung und mangelnde Konsequenz, mit meinem Leben verantwortlich umzugehen.

Muß ich in jedem Verein sein, in den ich einmal eingetreten bin? Ist es tatsächlich noch notwendig, daß ich eine bestimmte Aufgabe erledige, oder kann das schon längst ein anderer tun? Muß ich diese Verantwortung noch tragen, oder ist hier jemand schon längst selbständig und mündig geworden? Bin ich der einzige, der dieses oder jenes Amt besetzen kann, oder habe ich nur nicht den Mut, zurückzutreten, oder fürchte ich, bedeutungslos zu werden?

Es wird vielleicht Vorwürfe geben, wenn ich meine Entscheidungen treffe und nur noch das tue, was ich für wichtig und richtig halte, und mir nicht mehr sagen lasse, was ich zu tun habe. Die Entscheidungen eines Königs machen ihn oft einsam und bringen ihm nicht immer Applaus. Viel bequemer ist es, immer das zu tun, was von uns erwartet wird, was sich gehört und Zustimmung bringt. Aber Bequemlichkeit ist oft ein Feind von Lebendigkeit. Deswegen gibt es wenig zufriedene Leute, die mit dem, wie sie leben und was sie tun, in innerer Übereinstimmung stehen.

Dagegen gibt es aber viele, die für andere wissen, was sie machen sollen, und die gerne Aufgaben und Verantwortungen verteilen, Menschen, die unseren Lebensraum durch ihre bestimmende Art beschneiden. Anstatt ihr eigenes Reich zu bauen und zu gestalten und in ihrem eigenen Inneren Ordnung und Frieden zu schaffen, sind sie ständig dabei, ihre Umgebung zu verändern und zu beherrschen. Sie wissen immer, was andere tun und lassen sollten, was richtig und verkehrt ist. Ihre Wert- oder Geschmacksurteile, ihre moralischen Überzeugungen tragen sie so sichtbar und hörbar mit sich, daß andere sich ihnen entweder anschließen oder von ihnen distanzieren müssen. Sie sind kleine und größere Despoten, in deren Nähe es schwer ist, selbständig und souverän zu werden. Sie bevormunden uns gern und lassen uns ihre

Meinung wissen, ohne uns zu Wort kommen zu lassen. Das sind Menschen, in deren Gegenwart unsere Gegenwart scheinbar unwichtig wird und schrumpft. Unsere Mündigkeit und Eigenverantwortung wird uns nicht verliehen, sondern muß erkämpft und dann auch verteidigt werden.

Die Schwierigkeiten, die sich im Zusammenleben von mündigen Menschen ergeben, sind ebenso kompliziert wie das Zusammenleben von selbständigen Staaten. Erst langsam lernen wir auch in der großen Politik, wie souveräne Staatsgebilde miteinander umgehen, kooperieren und friedliche Beziehungen aufbauen. Leider können wir noch wenig Vorbilder für diesen souveränen Umgang erkennen; noch gibt es zu viele Machtkämpfe und Kriege. Nur wer gelernt hat, in sich Frieden zu schaffen und seine eigenen Bereiche zu regieren, wird auch für andere in seiner Nähe den Raum lassen, um selbständig und frei zu werden.

In allen Beziehungen stehen wir in dieser Auseinandersetzung zwischen Nähe und Distanz, Freiheit und Bindung, Selbständigkeit und Abhängigkeit. Das gilt für unsere berufliche Welt genauso wie in der Familie, in der Ehe und in jedem Verein. Die Aufgabe für das Zusammenleben in allen Bereichen heißt Partnerschaft. Partner sind wir aber nur dann, wenn wir selbständig und frei sind, wenn unsere Beziehungen und Bindungen immer wieder auf ihre Freiwilligkeit hin überprüft werden. Sehr leicht schleichen sich in unsere Verhältnisse Machtansprüche, Bevormundung und Abhängigkeit ein, und die kleinen oder großen Kriege beginnen neu.

Die Kunst des partnerschaftlichen Zusammenlebens ist die Kunst der Liebe. In vielen steckt immer noch die romantische Vorstellung, daß wahre Liebe bindet, abhängig macht und feste Verträge braucht. Die Liebe ist aber ein Kind der Freiheit. Liebe kann nur in Freiheit wachsen. Lieben kann nur der Freie. Der Acker, auf dem die Liebe wachsen und gedeihen kann, ist der Boden der Selbständigkeit und Freiwilligkeit.

Überall, wo Zwang, Pflicht, Macht oder Unselbständigkeit auftreten, muß die Liebe ersticken und verdorren.

Der königliche Umgang miteinander ist uns allen noch ungewohnt, kann aber gelernt werden. Bevor ich aber nach außen wie ein Souverän reagieren kann, muß ich es in meinem inneren Reich üben.

Die Zukunft

Normalerweise betrachten wir unsere Zukunft als den Bereich, über den wir am wenigsten verfügen können. Zwar haben wir Wünsche, Sehnsüchte und Ängste im Blick auf das, was auf uns zukommt, aber erst bei einigem Nachdenken kann uns bewußt werden, daß wir auch am Zustandekommen unserer Zukunft aktiv beteiligt sind.

Einfach und wahrscheinlich einleuchtend ist das am Beispiel unseres Körpers zu belegen. Wie ich heute mit meinem Körper umgehe, bestimmt, wie ich mich in einigen Jahren fühlen werde. Gehe ich rücksichtsvoll mit mir um, pflege und trainiere ich mich, oder mache ich durch meine Lebensweise meinen Körper krank? Mein Gesundheitszustand wird nicht so sehr durch Krankheitserreger oder Umweltgifte gefährdet, sondern durch eine krankmachende Einstellung zu meiner Leiblichkeit, durch falschen Umgang mit mir selbst. Wichtig für meinen Körper ist zum Beispiel vielmehr wie und was ich esse, ob ich genügend Bewegung habe, Sport treibe oder Gymnastik, tanze oder wandere – ob ich rauche und unvernünftig viel Alkohol trinke oder gesund lebe. Diese Faktoren bestimmen hauptsächlich, wie meine Zukunft aussieht und ob ich überhaupt noch mit einer Zukunft rechnen kann. Es besteht also eine Mitverantwortung für die Zukunft, zumindest für mein gesundheitliches Ergehen.

Einleuchtend ist auch der Zusammenhang zwischen dem, was ich heute für meine Berufsausbildung investiere, und dem, was ich in meiner Berufslaufbahn erreichen kann. Aber nicht nur meine Einstellung zum Beruf und zu meiner Gesundheit bestimmt über meine Zukunft, sondern auch die Tatsache, ob ich Freunde habe und ihre Freundschaft pflege, entscheidet mit darüber, ob ich mein Leben auch noch in zehn Jahren interessant finden werde. Lebe ich heute wach und »up to date«, dann werde ich auch in Zukunft ein lebendiges Interesse an der Welt haben.

Doch nicht nur diese Faktoren sind für meine Zukunft entscheidend, sondern mehr noch die inneren Einstellungen. Eine Weichenstellung für meinen zukünftigen Weg liegt beispielsweise in einer optimistischen oder pessimistischen Lebenshaltung. Diese Einstellungen entscheiden darüber, ob ich in meinen Gedanken und Erwartungen die ermutigenden oder die deprimierenden Erfahrungen aufnehme und speichere. Dieses in mir gesammelte Material an Erfahrungen bestimmt dann immer stärker meine Erwartung und Beobachtung. Was ich aber erwarte, ziehe ich auch an. Diese Erwartungshaltung entspricht einer Art Glauben. Entweder glaube ich, daß alles, was mir zustößt, für mich gut, positiv und bereichernd sein kann, oder ich erwarte, daß es immer noch schlechter, schwieriger und enttäuschender kommt. So wie meine Einstellung und Erwartung ist, werde ich mein Erleben beurteilen und damit meine vorgefaßte Meinung bestätigen.

Im Neuen Testament betont Jesus einmal, daß jeder das erlebt, was er geglaubt (im Sinne von »erwartet«) hat: »Euch geschehe nach eurem Glauben« (Matthäus 9,29) und »dein Glaube ist groß, dir geschehe, wie du willst« (Matthäus 15,28).

Meine Zukunft ist demnach kein feststehendes Schicksal, dem ich nicht ausweichen kann, sondern sie ist, je nach meiner Einstellung, eine Chance, die darauf wartet, von mir genutzt zu werden. Aus der Fülle der zukünftigen Möglichkeiten rufe ich durch meine Haltung die Ereignisse ab, die mir, das heißt meiner Haltung, entsprechen. Ich habe die Möglichkeit, mich für eine Zukunft zu entscheiden, in der alles zu meinem Glück gedacht ist. Dann bin ich ein Glückspilz. Ich kann aber auch ängstlich, mißtrauisch und verzagt in die Zukunft schauen und werde ein Pech nach dem anderen haben. Ob ich ein Glückspilz oder Pechvogel bin, ist kein vorgegebenes Geschick, sondern weitgehend durch meine Haltung bestimmt. In jedem Ereignis, das mich betrifft, liegt immer die Möglichkeit, zu zerbrechen oder stärker zu werden. Zu diesen beiden Grundeinstellungen gehören allerdings einige wichtige Voraussetzungen:

Wie gehe ich mit meiner Vergangenheit um?

Betrachte ich alles, was hinter mir liegt, als Pechsträhne, die mich verfolgt, oder als eine Reihe von genutzten oder auch ungenutzten Möglichkeiten? Habe ich aus meiner Erfahrung positive Schlüsse gezogen oder nur meine negative Lebenseinstellung bestätigt gefunden? Wenn ich über meine eigene Lebensgeschichte nicht nachdenke, bin ich dazu verdammt, sie immer erneut zu wiederholen, bis ich die Lektion gelernt habe, die mir das Leben erteilen wollte. Nichts ist zufällig oder von ungefähr, es sei denn, ich betrachte es so.

Wieweit bin ich an meiner Lebensgeschichte bewußt beteiligt, und von wann ab habe ich die Verantwortung für das Vergangene übernommen, um daraus zu lernen? Habe ich meine Fehler erkannt und ihre Ursachen entdeckt, dann kann ich sie in Zukunft vermeiden. Keiner hat nur ungünstige und keiner nur günstige Voraussetzungen für die Gestaltung seines Lebens. Jeder kann aus Erlebtem lernen, aus Mißerfolgen Schlüsse ziehen und aus sogenanntem Pech Gold machen.

Die Angst vor der Zukunft

Ganz gleich, aus welchen Ursachen sich in mir Angst vor der Zukunft entwickelt hat, ich muß sie loswerden, denn das, was ich befürchte, wird mich treffen. Der Baum am Straßenrand, den ich angstvoll anstarre, gewinnt für mein Auto eine magische Anziehungskraft.

Hiob, der bekannte Leidensspezialist des Alten Testaments, sagt, als ihn die »Hiobsbotschaften« von seinem Unheil erreichen: ». . . das, was ich fürchtete, kommt über mich, wovor ich schaudere, das trifft mich« (Hiob 3,25). Wie kann ich aber meine Angst vor der Zukunft verlieren? Es gibt keine einfachen Rezepte zur Angstüberwindung. Angst und Furcht beschäftigen sich mit den negativen Möglichkeiten, die auf uns zukommen können, und hemmen damit die kreativen Begabungen und unsere Bereitschaft, aus allem das Beste zu machen.

Die entgegengesetzte Haltung im Blick auf die Zukunft sind Mut und Liebe. Beide beschäftigen sich mit den positiven Möglichkeiten und wecken die Bereitschaft, alles einzusetzen, was das Gute vermehrt, und sich mit denen zu verbünden, die dasselbe wollen. Mutige und Liebende bleiben nie lang allein. Sie wirken ansteckend.

Was ist aber, wenn ich weder mutig noch liebevoll bin und die Angst in mir größer ist als mein Vertrauen in das Gute? Ich kann mich entscheiden, womit ich mich beschäftigen will. Ich kann mich für Mut und für die Liebe entscheiden! Diese Grundeinstellungen zum Leben sind eine Sache der Entscheidung. In der Vollmacht, die mir für mein Leben verliehen ist, bin ich auch entscheidungsfähig; ich muß es nur von ganzem Herzen wollen.

Angst und Mutlosigkeit beruhen auf Halbherzigkeit. Mut und Liebe verlangen immer das ganze Herz. In unserer Vorstellung vom inneren Königreich kann auch die Zukunft ihre angstmachende Gewalt verlieren. Ich kann zwar nicht die Zukunft der Welt in meine Verantwortung übernehmen und werde auch immer wieder mit all meinen Zeitgenossen vom Geschehen in dieser Welt mitbetroffen sein. Das, was aber mein praktisches und alltägliches Leben und mein persönliches Schicksal betrifft, liegt zum großen Teil in meiner Einstellung zum Leben und zu mir selbst. Es ist letztlich eine Frage meines Glaubens. Lebendiger Glaube ist eine Einstellungssache. Wer glauben will, das heißt, wer sich für diese Einstellung entscheidet, für den ist das Leben kein Zufallsprodukt, sondern ein sinn- und wertvolles Geschenk Gottes. Er wird es auch leichter haben, sein Leben in Zukunft so zu sehen.

Es gibt aber leider viele Gottesvorstellungen und Glaubensformen, bei denen der einzelne Mensch nur als unwichtiges und unfähiges Schaf in einer großen Herde gesehen wird. Diese Gläubigen können sich nicht vorstellen, daß sie für Gott oder die Welt von Bedeutung sind. Sie fühlen sich angesichts einer göttlichen Allmacht und als Teil einer Milliarden zählenden Menschheit völlig unbedeutend. Weil sie sich aber selbst nicht wichtig nehmen, können sie auch nicht glauben, für irgend etwas oder irgend jemanden wichtig zu sein. Die Voraussetzung zu einem verantwortlichen Umgang mit der Zukunft liegt, wie bei allen übrigen Lebensbereichen, in der Bereitschaft, sich selbst ernst zu nehmen und den Platz einzunehmen, der mir und nur mir zusteht.

Die Wirkungen

Mein Einfluß auf meine Umwelt ist größer und vielschichtiger, als mir bewußt ist. Üblicherweise denke ich erst dann über meine Wirkungen nach, wenn mir Reaktionen meiner Mitmenschen nicht gefallen. Habe ich etwas Verkehrtes gesagt? War das, was ich tat, falsch? Habe ich jemanden übersehen oder etwas vergessen? Viel nachhaltiger als durch Reden oder Tun wirke ich auf meine Umgebung durch meine Art, durch mein Wesen, durch meine Haltung, durch meine Aufmerksamkeit oder Unachtsamkeit und nicht zuletzt einfach durch mein Dasein. Diese meine nonverbalen Wirkungen sind meist auch meinen Mitmenschen nicht bewußt, aber sie sind doch wirksam.

Normalerweise übernehmen wir nur die Verantwortung für das, was wir bewußt gesagt oder getan haben. Alles andere rechnen wir nicht zu unserem Verantwortungsbereich: »Was ich nicht weiß, macht mich nicht heiß«, oder: »Was kümmert mich, wie andere über mich denken oder was sie von mir halten?« Wie stark und wie nachhaltig meine Wirkungen aber tatsächlich sind, merke ich am deutlichsten, wenn ich auf die Wirkungen achte, die andere auf mich haben.

Meine Eltern können schon lange tot sein, und mein Lehrer ist vielleicht nur noch in meiner Erinnerung lebendig – wirken tun sie immer noch, und nicht immer nimmt die Wirkung mit der Zeit ab, sie kann sich sogar vertiefen.

Viele Rechtfertigungsversuche, daß das, was wir ausgelöst haben, auf einem Mißverständnis beruhe, und Erklärungen darüber, was wir eigentlich gemeint und gewollt hätten, machen deutlich, wie sehr uns dieses Problem der Wirkungen beschäftigt – ob wir es wollen oder nicht.

Ich kann für andere Menschen wie ein Segen oder wie ein Fluch sein. Ich kann auf sie stärkend oder belastend wirken. Ich kann angst machen und kann befreiend sein. Für manche

Menschen bin ich eine Belastung, die sie gern los wären, und für andere bin ich vielleicht eine Wohltat.

Muß ich mich für meine Wirkungen verantwortlich fühlen? Beim Nachdenken über dieses Thema können Gedanken auftauchen, die noch subtiler sind. Wirken nicht auch schon meine Gedanken und Gefühle, die ich für andere habe? Daß Worte und Blicke töten können, ist sprichwörtlich. Gilt das auch für die unsichtbaren Ausstrahlungen, die geheimen Wünsche oder Anklagen, die verborgenen Rachegefühle oder die unausgesprochene Liebe? Daß auch Schweigen sehr beredt sein kann, wissen wir. Hat dann vielleicht sogar meine Gedankenlosigkeit und Gleichgültigkeit eine Auswirkung, die zu mir gehört, die meine Wirkung ausmacht?

Die Stimmungen und Strömungen bzw. Strahlungen und Schwingungen, die von einem Menschen ständig ausgehen, ohne daß es ihm bewußt ist, sind noch nicht ganz erforscht.

Wie sehr die Mißstimmung eines einzelnen eine ganze Gesellschaft verstimmen kann, gehört zu unserer Erfahrung. Wie sehr eine depressive Art auch andere bedrückt, wissen wir. Aber auch unsere Sympathie oder Antipathie macht sich unausgesprochen bemerkbar. Ich ziehe unbewußt Menschen an und stoße andere ab. Bei manchen spüre ich eine Resonanz und reagiere auf sie; oder ist die Resonanz schon eine Wirkung von mir, die auf mich zurückkommt?

Es gibt mehrere Gründe, die dafür sprechen, seine eigenen Wirkungen kennenzulernen und die Verantwortung für sie zu übernehmen.

1. Meine Wirkung auf andere wirkt auf mich zurück.
2. Meine Wirkung hat Folgen für Menschen, die mir wichtig sind.
3. Meine Wirkung ist Ausdruck meiner Persönlichkeit; ich lerne mich besser kennen, wenn ich sie ernst nehme.
4. Mein Wirkungsbereich gehört zu meinem Reich und

kann mich reich oder arm machen, kann mich gefährden oder fördern.

Wenn ich in meinem Wirkungsbereich unbewußt und unkontrolliert lebe, bin ich mein eigenes Opfer. Ich lebe dann nicht, sondern werde gelebt.

Ein drastisches Beispiel fiel mir in diesem Zusammenhang ein. Eine nette, attraktive Frau beschwerte sich bei mir über ihren Mann, der schon bald nach der Heirat immer öfter abends in die Kneipe ging. Verständlich, daß auch bald der Haussegen schief hing. Sie konnte nicht verstehen, warum es ihr Mann zu Hause nicht aushielt, warum er sich anscheinend zu Hause nicht wohl fühlte.

Beim Zuhören störte mich zunehmend der unangenehm schrille Ton in der Stimme der Frau, bis ich sie schließlich unterbrach: »Warum schimpfen Sie eigentlich mit mir?« fragte ich sie. Etwas verwirrt und erstaunt antwortete sie: »Ich schimpfe doch nicht mit Ihnen, ich erzähle doch nur, wie es bei uns zu Hause zugeht!«

Es gelang mir dann, sie auf ihre Art zu sprechen und auf ihre Stimmlage aufmerksam zu machen, und ich fragte sie, ob nicht vielleicht ihre Art zu reden ihrem Mann das Zuhausebleiben unmöglich mache. Auf diesen Gedanken war sie noch nie gekommen, weil ihr auch noch niemand gesagt hatte, wie unangenehm ihre Art zu reden ist. Als sie anfing, auf ihre Sprechweise zu achten (sie hörte zum ersten Mal ihre Stimme auf einem Kassettenrecorder), konnte sie ihren Ton und ihre Art verändern – nicht leicht und sofort, aber in einigen Wochen. Später besuchte sie mich gemeinsam mit ihrem Mann, und sie berichteten von der Veränderung, die sie jetzt erleben. Sie hatte nicht nur ihre Stimme, sondern auch ihre Einstellung zu ihrem Mann geändert. Die Stimme war ja auch nur der Ausdruck ihrer Stimmung gewesen.

Ob wir nicht doch viel mehr, als uns bisher bekannt ist, an dem beteiligt sind, was uns durch andere widerfährt? Unsere unbewußte Art und Ausstrahlung hat ihre Wirkungen. Mit der Stimme ist das sehr leicht zu überprüfen. Jeder, der einmal seine Stimme auf einem Kassettenrecorder gehört hat, kennt diese Überraschung. Eine Videoaufzeichnung von uns kann die Überraschung noch vertiefen.

Es gehört sicher zum Fortschritt unserer Zeit, daß immer mehr Menschen sich in eine Gruppe begeben, um zu erfahren, wie sie auf andere wirken. Diese Selbsterfahrung in der Gruppe kann tiefgreifende Erkenntnisse bewirken und uns veranlassen, unsere Haltung und unser Verhalten zu ändern.

Zu dieser Selbsterfahrung kann auch gehören, daß ich mir folgende Fragen stelle und sie ehrlich und nachdenklich zu beantworten versuche:

- Welche Ereignisse wiederholen sich immer wieder in meinem Leben?
- Wo erlebe ich immer wieder dieselben Enttäuschungen?
- Welche Menschen ziehe ich an und warum?
- Warum bekomme ich so schlecht Kontakt mit anderen?
- Wenn Freundschaften zerbrechen, was war mein Anteil dabei?

Bevor ich die Fehler, Störungen und Enttäuschungen, die mein Leben erschweren, bei anderen suche, kann ich überprüfen, ob sie nicht Rückwirkungen meines Verhaltens sind.

Leider sind wir in der Selbstbeobachtung nicht nur ungeübt, sondern auch durch unser Selbstbild beeinträchtigt. Das Bild, das ich von mir selbst habe, ist nicht das Bild, das ich nach außen abgebe. Mein Selbstbild hat keine Wirkung nach außen. Andere werden vielmehr durch das beeinflußt, was ich nach außen zeige. Selbstbild und Fremdbild sind immer unterschiedlich. Schon in körperlicher Hinsicht ist es schwer, die eigene Wirkung zu entdecken, wenn es nicht zu einer Rückspiegelung durch andere kommt. Das gilt für Mund- und Körpergeruch bis zu unbewußten Eßgewohnheiten und auch für mein Schnarchen, wenn ich schlafe. Aber nicht nur meine Körperlichkeit hat Wirkungen auf andere, auch meine psychische Art und meine Art zu denken und die Welt zu sehen wirken sich aus und wirken auf mich selbst zurück.

Es ist ein weites Feld, das sich mir auftut, wenn ich beginne, meinen Wirkungsbereich kennenzulernen. Je besser ich meine Wirkungen erkenne, desto besser kann ich sie in dem Sinne beeinflussen, wie ich wirken will. Es bleibt dann nicht bei der Frage, wie ich bin, sondern wird zu der, wie ich sein will.

Wenn ich die Verantwortung und Vollmacht für meinen Wirkungsbereich übernommen habe, kann ich vieles verändern; manches ohne großen Aufwand, anderes nur mit Mühe und Entschlossenheit.

Der Schatten

Der »Schatten« ist ein Phänomen, das immer dort auftaucht, wo peinliche oder unangenehme Erlebnisse aus dem Bewußtsein verdrängt werden, die dann aber im Verhalten – wenn auch unbemerkt – eine Rolle spielen. Mein Schatten ist zwar ein Bereich meiner Persönlichkeit, er darf aber nicht leben. Er ist unvorteilhaft, denke ich meist und unterdrücke ihn oder will ihn nicht wahrhaben. Mein Bewußtsein wehrt sich gegen diese dunkle Seite, versucht ihr zu entfliehen und ist doch unlösbar, eben wie Licht an seinen Schatten, an sie gekettet.

Der Schatten beinhaltet die ungeliebten und ungelebten Anteile meiner Person, die ich hinter mich schiebe, indem ich mich ins rechte und vorteilhafte Licht rücke. Tatsächlich aber kann meine Schattenseite eine ganz wichtige und wertvolle Rolle in meinem Leben spielen. Der Schatten kann zu einer Schatzkammer werden, die mich reich sein läßt; erfahrungsreich, voller Verständnis und Barmherzigkeit für andere.

Der Schatten gibt meiner Persönlichkeit das Profil. Wie bei einer Fotografie durch die Schattenwirkung die Tiefe des Bildes sichtbar wird, so ist es auch bei einem Menschen, der sich bewußt zu seinem Schatten bekennt. Er wird erkenn- und begreifbarer und erfährt Tiefe.

Wie kann ich aber meinen Schatten erkennen, und wie kann ich ihn in meine Persönlichkeit integrieren? Schon meine Träume können mir, wenn ich sie verstehe, deutlich machen, welche unbewußten Seiten in mir leben und wozu ich fähig bin. Es klingt wie eine Zumutung, wenn ich behaupte, auch für meine Träume verantwortlich zu sein. Tatsächlich aber bin ich auch mein Traum; nirgends bin ich so echt, ehrlich, rücksichtslos oder auch großartig wie im Traum. Ich träume, und kein anderer als ich agiert und erlebt und spielt alle Rollen in meinen Träumen. Es ist die unbewußte Seite meines Wesens, die sich im Traum zu Wort meldet und erhört werden will.

Ich kann mir, wie bei einem Film, vorstellen, daß in meinem Traumgeschehen alle Mitwirkenden Teile von mir selbst sind. Mein Unbewußtes schreibt das Drehbuch, stellt den Regisseur und bestimmt, wer und was alles als Darsteller, als Statist oder als Requisit auftreten soll. Ich bin es selbst, der im Traum alle Rollen spielt. Ich bin das Opfer und der Täter, der Jäger und der Gejagte; der Held und der Feind. Alle Vorkommnisse und alle Bilder, alle Abenteuer und dramatischen Ereignisse zeigen, was sich in mir abspielt. Es sind meine Gefühle, die in den verschiedenen Traumgestalten Ausdruck finden, und die Szenen verraten etwas von der inneren Thematik, die mich gerade beschäftigt. Manchmal erfülle ich mir im Traum geheime Wünsche und erlebe uneingestandene Ängste. Manchmal erlebe ich den Traum wie ein Theaterstück auf der Bühne und mich als Zuschauer. Manchmal bin ich Mitspieler oder Hauptakteur. Je nach innerer Nähe zum Problem und nach meiner Fähigkeit, mich selbst zu erkennen, bin ich in der Mitte oder am Rand des Traumgeschehens. Der Traum ist eine wichtige Quelle der Selbsterkenntnis.

Aber nicht nur im Traum kann ich meine Schattenseiten kennenlernen. Auch eine ehrliche Beschäftigung mit der eigenen Vergangenheit kann mir über mein Wesen Auskunft geben. Normalerweise versucht unser Gedächtnis, getreu unserem unbewußten Idealbild, die Vergangenheit zu schönen. Meine früheren Verhaltensweisen und meine Aktivitäten werden unbewußt in meinem Gedächtnis positiv eingefärbt. Dieser Verschönerungsprozeß ist besonders leicht bei älteren Menschen zu beobachten, wenn sie aus ihrer Jugendzeit erzählen. Das Böse kam immer von den anderen oder durch die Verhältnisse; die schlimmen Zeiten waren schuld. Sie waren entweder der Held oder das arme Opfer, aber niemals schuld an den Pannen, die in ihrem Leben passierten.

Wie kann ich aber dann aus meiner Vergangenheit ein realistischeres Selbstbild gewinnen? Meine wahre Vergangenheit begegnet mir in meinen Projektionen. Unter einer Projektion verstehe ich in diesem Zusammenhang Fehler und Schwächen, die ich bei anderen erkenne und die mich an ihnen ärgern und aufregen. Es sind oft meine eigenen verborgenen Wünsche und Gefühle, die ich mir aber nicht erlaubt habe oder die ich in den Schatten des Vergessens stelle. Manchmal sind es Sehnsüchte, die ich mir nicht erfüllte, weil mir die Gelegenheit oder der Mut dazu fehlten. Jetzt erkenne ich das, was ich mir nicht erlaubte, bei anderen. Ich werde es an ihnen bewundern oder verurteilen.

Andere erlauben sich Freiheiten, die ich mir selbst verboten habe. Das empört mich! Meine Empörung oder Entrüstung verrät mich. Auch mein hartes Urteil, das ich über andere spreche, sagt mehr über mich selbst aus als über den, den ich verurteile. Wer dauernd andere kritisiert und sich über sie erregt, verrät etwas von seiner eigenen inneren Selbstverurteilung.

Die Entlarvung der Projektionen ist eine harte Arbeit. Es ist schwer und schmerzlich, das Bild, das ich von mir selbst in mir trage, kritisch zu prüfen und meine Schattenprojektionen zurückzunehmen. Ich muß dabei mein Selbstbild verändern. Das kann gefühlsmäßige Krisen und unter Umständen Depressionen hervorrufen.

Sich mit allen Schattenseiten selbst zu erkennen bedarf unbedingt einer Versöhnung mit sich selbst; sonst kann die Selbsterkenntnis nicht ausgehalten werden, sondern mein Selbstbild wird rasch wieder nach meinem Wunschbild korrigiert.

Zu meinem Schatten gehören aber auch die ungelebten positiven Seiten. Viele Gaben, Kräfte und Fähigkeiten, die in mir verborgen sind, bleiben ungelebt. Vielleicht habe ich sie nur noch nicht entdeckt oder sie mir gar nicht erst zugetraut. Die meisten leben unter ihrem Niveau und bleiben hinter ihren Möglichkeiten zurück. Sie bewundern andere, ohne zu wissen, daß sie selbst die bewunderten Gaben und Fähigkeiten besitzen. Die Bewunderung für andere verrät etwas von einer positiven Projektion.

Es gibt eine recht einfache Übung, sich seiner ungelebten und ungeliebten Seiten bewußt zu werden. Jeder kann diese Übung für sich allein oder auch mit einer Gruppe gemeinsam durchführen.

Sie besinnen sich auf einen Menschen, den Sie sehr gerne mögen, den Sie vielleicht sogar bewundern. Stellen Sie ihn deutlich vor Ihr inneres Auge. Dann schreiben Sie spontan drei Eigenschaften auf, die Sie an dieser Person besonders schätzen.

Danach denken Sie an einen Menschen, den Sie überhaupt nicht leiden können, über den Sie sich oft ärgern müssen, der Ihnen unsympathisch ist und auf die Nerven geht. Wieder schreiben Sie spontan drei Eigenschaften auf, die Ihnen an diesem Menschen besonders unangenehm auffallen.

Sie haben jetzt sechs Eigenschaften auf Ihrem Zettel, die Ihre eigene Schattenseite beschreiben! Die positiven Eigenschaften sind Ihre ungelebten oder noch nicht voll entwickelten Fähigkeiten, die negativen Eigenschaften sind die verdrängten ungeliebten Seiten.

Es kann als ein psychologischer Grundsatz angesehen werden, daß ich bei einem anderen Menschen nur das erkenne, was in mir selbst auch vorhanden ist. Das gilt besonders für die Eigenschaften, die, wenn ich sie bei anderen entdecke, in mir eine emotionale Bewegung auslösen. Dieser Grundsatz entspricht den Gesetzen der Resonanz in der Physik. Jede Schwingung erzeugt nur dann bei anderen Gegenständen ein Mitschwingen, wenn die gleiche Schwingungsfrequenz vorhanden ist. Wenn ich also auf einen anderen Menschen emotional reagiere, bewundernd oder ablehnend, begeistert oder wütend, dann zeigt das meine Resonanz auf ihn.

Positive Eigenschaften können entwickelt, negative Neigungen erkannt und eingeordnet werden. Ich muß das, was mir unangenehm ist, nicht ausleben, brauche es aber bei einem anderen auch nicht zu verurteilen, wenn ich es bei mir selbst erkannt habe. Ich kann ihn dann verstehen, auch wenn ich diese Unart nicht billige.

Wer sich im Neuen Testament auskennt, erinnert sich vielleicht an das humorvoll-sarkastische Gleichnis Jesu vom Splitter und Balken. Da meint jemand, der mit einem großen Balken im eigenen Auge herumläuft, bei einem anderen einen kleinen Splitter im Auge entdeckt zu haben. Er versucht diesen Splitter zu entfernen, ohne zu merken, wie sehr der Balken im eigenen Auge dieses Unterfangen geradezu lächerlich und unmöglich macht (Matthäus 7,3–5).

Die vermeintlichen Fehler der anderen sind oft nichts anderes als die Schatten unserer eigenen Fehler, die wir bei uns nur noch nicht entdeckt haben. Nehmen wir unseren Schatten zurück, dann stellen wir vielleicht fest, daß der andere gar keinen Fehler an dieser Stelle hat; zumindest verlieren wir das Bedürfnis, ihn zu kritisieren, weil wir mit der Korrektur unserer eigenen Fehler beschäftigt sind. Ich kann im Gegenteil lernen, einen Menschen, der mich ärgert, mit dem Wissen anzuschauen, daß er mir unbewußt eigene Anteile vor Augen führt. Sogar mein Feind kann mir also bei meinem Selbstfindungsprozeß hilfreich sein. »Liebet eure Feinde!« ist dann kein unmöglicher moralischer Befehl, sondern die Offenbarung einer tiefen psychologischen Weisheit. Ich brauche meine Feinde, wenn ich mich selbst kennenlernen will. Lerne ich sie lieben, liebe ich damit auch meine eigenen Schattenseiten und umgekehrt. Wenn ich meinen Schatten wirklich erkennen möchte, brauche ich nur auf meine Urteile, Vorurteile und Unterstellungen anderen gegenüber zu achten. Sie sagen mehr über mich aus als über den, von dem ich so negativ denke oder rede.

Sobald ich die Verantwortung für meinen Schattenbereich

übernehme, gewinne ich auch die Vollmacht, diesen Bereich meiner Person zuzuordnen und mit ihm umzugehen. Viele frühere Feinde sind dann nicht mehr nötig, wenn ich sie in mir angenommen und versöhnt habe. Durch diesen Prozeß werde ich koalitionsfähiger und kann besser mit anderen zusammenarbeiten. In dem Maß, wie ich mich selbst angenommen habe, werde ich auch von anderen angenommen. Mein Freundeskreis wird wachsen. Es sind nicht nur die Sonnenseiten, die uns verbinden. Wir brauchen auch die Schatten nicht mehr zu fürchten. Die unterlassene Arbeit am eigenen Schatten ist häufig die Ursache, daß ältere Menschen einsam werden. Wer seine Fehler erkennt und zugibt, verliert keine Sympathie. Er wird liebenswerter, weil er sich als liebebedürftig zu erkennen gibt. Ein fehlerfreier Mensch, wenn es so etwas gäbe, könnte nicht geliebt, höchstens bewundert werden.

Die Anerkennung des Schattens nimmt uns das Versteckte und macht uns angstfreier. Wer mit sich Frieden geschlossen und sich angenommen hat, wirkt auch nach außen friedfertig und annehmbar.

Wie bei allen Prozessen der Selbstentdeckung und Selbstannahme gibt es auch in diesem Bereich keine schlagartigen Erfolge. Die Arbeit des Regierens über sich selbst in einem so großen Reich mit so vielen unterschiedlichen Lebensbezirken unterliegt Wachstums- und Lebensprozessen, die Geduld und Mut erfordern.

In diesem Zusammenhang möchte ich noch auf eine besondere Gabe aufmerksam machen, die bei vielen verborgen ist oder die sie erst noch erbitten müssen. Es ist die Gabe des Humors! Humor ist die Fähigkeit, sich selbst und andere zwar ernst, aber nicht tragisch zu nehmen. Humor ist ein Ausdruck des Glaubens an das Leben. Wer Humor hat, betrachtet sich selbst und das ganze Leben von einer höheren, zeitloseren Warte. Humor weiß im Winter um den Frühling und sieht in der Blüte schon die kommende Frucht. Humor hat etwas mit dem Lachen der Engel zu tun, wenn »ein Sünder Buße tut«. Der Humor ist sich immer bewußt, daß da, wo viel Schatten ist, auch ein helles Licht sein muß. Ohne Licht kein Schatten!

Alles hat seine eigene Sprache

Beim Kennenlernen der verschiedenen Bereiche der Persönlichkeit wird deutlich, wie unterschiedlich sie sind. Wenn wir im Bild vom Königreich bleiben wollen, können wir auch die Vorstellung aufnehmen, daß in unserem Lebens-Reich viele unterschiedliche Sprachen gesprochen werden. Der Körper hat seine Körpersprache, die einzelnen Organe haben ihre Organsprache. Der Körper ist aber auch Sprachrohr für den Innenbereich, für die Seele. Was die Körperorgane sagen, hat nicht nur etwas mit dem Körper zu tun, sondern offenbart auch etwas von dem, was die Seele sonst nicht ausdrücken kann. Aus unseren Redensarten kennen wir die Zusammenhänge zwischen Körper und Seele sehr gut. Was uns »unter die Haut« geht, geht meistens sehr tief. Was wir »uns zu Herzen nehmen«, macht uns innerlich schwer. Was uns »auf dem Magen liegt«, ist für die Seele nicht gut verdaulich. Jedes Organ steht für mehrere Gefühlsbereiche: die Nieren, die Leber, selbst die Haare, die uns »zu Berge stehen«. Wenn irgendein Teil des Körpers in seiner gesunden Funktion gestört ist, lohnt es sich, darauf zu hören, wer oder was sich da zu Wort meldet.

Die Körpersprache zu verstehen heißt damit auch, sich selbst mit Leib und Seele besser verständigen zu können. Wenn ich über mich selbst bestimmen, mich selbst regieren will, muß ich zunächst die Botschaften und Informationen hören, die aus den einzelnen Bereichen meiner Persönlichkeit kommen.

Die Seele hat aber nicht nur den Körper als Sprachrohr, sie hat auch noch spezifischere Ausdrucksweisen. Wenn die Körperorgane durch ihre Störung reden, ist das meist schon ein Alarmruf. Viel lieber redet das Unbewußte zum Beispiel über die Träume. Die eigene Traumsprache zu lernen ist sehr weise, weil ich dann schon reagieren kann, bevor eine Körperstörung auftritt.

In Krisenzeiten träumen wir intensiver, und bei Traurigkeit haben wir ein größeres Schlafbedürfnis. In diesen Phasen brauchen wir mehr Zeit zum Traumschlaf. Habe ich aber in stabilen Zeiten nicht gelernt, auf meine Träume zu achten, kann es sein, daß mir der Zugang zu dem, was die Träume sagen wollen, in Krisen nicht gelingt. Es ist sinnvoll, spätestens im Krankheitsfall die Botschaft der Träume zu erfragen, um der Erkrankung nicht nur medizinisch begegnen zu können, sondern ihren Sinn zu erkennen.

Aber auch andere Bereiche haben ihre Sprache und wollen gehört werden. Die Vergangenheit spricht in erster Linie über das Gedächtnis, jedoch auch durch den Körper. Der Körper ist ein Speicher für Erinnerungen. Oft sind die durch körperliche Schmerzen hervorgerufenen Erinnerungen zuverlässiger als das, was wir mit dem Kopf erinnern. Besonders durch die Therapieform der Bioenergetik und andere verwandte Methoden können längst vergessene und teilweise sogar nur unbewußt erlebte Geschehnisse aufgedeckt und bearbeitet werden. Man liest am Körper ab, wo der Fluß der Bioenergie durch seelische Verletzungen blockiert wurde.

Das Gedächtnis allein ist unzureichend, um die Vergangenheit aufzuarbeiten. Die Speicher in unserem Kopf sind kein objektives Archiv für unsere Geschichte, denn alle Informationen, die dort abgelagert sind, haben immer auch eine gefühlsmäßige Färbung und Bewertung. Außerdem kombiniert unser Gedächtnis öfter Ereignisse, die in gar keinem direkten Zusammenhang stehen.

Und doch lohnt es sich, bei der Inbesitznahme und Übernahme der Verantwortung für die Vergangenheit, dem Gedächtnis nachzuhelfen. Wer noch Eltern hat, Freunde von früher kennt oder Orte besuchen kann, die früher eine Rolle für ihn gespielt haben, tut gut daran, die eigenen Erinnerungen mit denen der anderen zu vergleichen und zu korrigieren bzw. sie zu ergänzen. Überhaupt ist die Vergangenheit nur dann eine Kapitalanlage, wenn die Fülle meiner vergangenen

Erlebnisse auch in Erfahrungen umgewertet wird. Gespeichert sind in mir nur die Erlebnisse. Erfahrungen sind bewußt durchgearbeitete Erlebnisse. Was habe ich aus dem, was ich erlebt habe, gelernt? Ich bin erfahrener, wenn ich den Erlebnissen in meiner Erinnerung noch einmal »nachgefahren« bin, um sie zu ordnen, wie man Urlaubsbilder ordnet: Gutes und Wertvolles wird behalten und beschriftet, Wertloses wird aussortiert. Was war wichtig, und was will ich behalten? So werden Erlebnisse zu Erfahrungen und einzelne Erfahrungen zu einem reichen Erfahrungsschatz. Damit wird die Erfahrung auch zu einer Sprache der Vergangenheit.

Im Sprachraum »Zukunft« kommen die Aussagen der Phantasie, der Wunschträume und der unbewußten Leitbilder von früher zu Wort. Wenn ich aufmerksam auf meine in die Zukunft gerichtete Vorstellung achte und meine geheimen Intentionen (Zielsetzungen) verstehe, ist meine Zukunft nicht mehr unbewußt festgelegt. Was ich erkenne und verstehe, kann ich auch verändern.

Meine Wirkungen kommen zu Wort, wenn ich ein »Feedback« erhalte. Echtes Feedback sollte erfragt sein und nicht dem anderen um die Ohren gehauen werden. Feedback wird aber nur der erfragen, der seinen Wirkungsbereich unter Kontrolle und unter seine Verantwortung nehmen will.

Alles, was mir begegnet, kann ich als eine Reaktion auf mich, auf mein Verhalten, auf mein Wesen, als eine Antwort auf meine Wirkung sehen. Das gilt sowohl für die erfreulichen als auch für die unangenehmen Reaktionen der Umwelt auf mich. Verantwortlich mit meiner Wirkung und der erfolgten Rückwirkung umzugehen heißt, die Umwelt nicht mehr mit Vorwürfen und Beschwerden zu belegen. Meine Verhältnisse sind nicht nur vorgegeben, sondern oft das Resultat meiner Wirkung; zumindest habe ich an meinen Verhältnissen mitgewirkt. Wenn ich die Verhältnisse ändern will, beginne ich am besten mit der Veränderung meiner Wirkungen. Verändere dich, und du veränderst die Welt!

So hat alles in mir und um mich herum seine besondere Sprache und will gehört und beantwortet werden. Es ist klug, sich nicht taub zu stellen. Wer auf die leisen Stimmen nicht achtet, wird durch schwere Krisen und schmerzhafte Störungen aufmerksam gemacht. Leider haben wir die unterschiedlichen Sprachen in uns nicht zu verstehen gelernt und werden oft erst durch Leiden aufmerksam und klug.

Häufig wird allerdings meine Aufmerksamkeit einseitig durch die Stimme meiner Gefühle gefangengenommen. Gefühle in uns sind oft wie kleine Kinder, die durch ihr Geschrei auf sich aufmerksam machen. Gefühle können uns durch ihre Lautstärke so erfüllen, daß nichts anderes mehr zu Wort kommt. Am lautesten sind die Stimmen der Angst, die Stimme der Wut und die Stimme der Eifersucht. Kein sachliches Argument, keine Stimme der Vernunft kann dagegen ankommen. Schlimm, wenn ich aus solchen Stimmungen heraus reagiere und entscheide.

In solchen Situationen kann uns wieder das Bild vom Thron helfen. Ich muß, bevor ich einen wichtigen Entschluß fasse, bevor ich vorschnell reagiere, zunächst auf meinem Thron Platz nehmen und mir die Stimmen aller anhören. Ich habe es nicht nötig, in Panik zu geraten. Kinder sehen alles überdimensioniert, und unsere Gefühle haben auch in dieser Beziehung viel Ähnlichkeit mit kleinen Kindern. Natürlich haben sie ein Recht, zu schreien und zu klagen und sich zu beschweren. Sie haben aber nicht das Recht zu entscheiden. Wenn es um Entscheidungen geht, bin ich zuständig. Entscheidungen von Wichtigkeit sollten von der Position des Thrones aus getroffen werden, wenn ich alle Stimmen gehört und geprüft habe.

Die Position des Thrones ist die des Wollens »von ganzem Herzen«. Wenn das Ich ganz bei sich ist, hat es die Vollmacht über alle anderen Stimmen in seinem Reich. Es hat das Recht, ein »Machtwort« zu sprechen. Wer so in sich zu Wort gekommen ist und klare Verhältnisse geschaffen hat, der kann auch nach außen mit Klarheit reden und sagen, was er will.

Auch hier können wir bei Jesus beispielhaft sehen, wie solche innere Klarheit nach außen wirkt. Seine Zeitgenossen, selbst seine Gegner stellen ihm das Zeugnis aus: »Er redet wie einer, der Vollmacht hat« (Matthäus, 7,28).

Mit einem weiteren Bild kann dieser Prozeß der inneren Ordnung und Vollmacht deutlich werden. Drei Instanzen sind in uns, die bei Entscheidungen eine wichtige Rolle spielen. Es sind der Kopf, das Herz und der Bauch.

Wir ordnen das Denken und Überlegen dem Kopf zu. Normalerweise sollte er oben sein und hat die größte Übersicht; es sei denn, man habe ihn verloren und wäre durch Panikgefühle kopflos geworden.

Das Gefühl dagegen hat seinen Platz im Bauch. Auch in unserer Bildersprache des Körpers lokalisieren wir Gefühle in den Bauchraum. »Es schlägt mir etwas auf den Magen.« Das Herz ist die Mitte. Hier befindet sich das Zentrum des »Ich will«. Das Herz hat auch die Aufgabe, Kopf und Bauch zusammenzuhalten und jedem sein Recht und seinen Raum zu geben. Entscheidungen sollten aber im Herzen, »von Herzen« getroffen werden, dann haben sie erst Gültigkeit. Vom Kopf her entscheiden heißt: »Ich meine, ich denke, ich vermute . . .« Entscheidungen aus dem Bauch scheinen zunächst zwar besonders klar, vor allem sind sie sehr laut: »Ich fühle, ich spüre es, ich möchte es unbedingt, ich kann es nicht aushalten, wenn . . .!« Tatsächlich ist aber das Gefühl am wenigsten standhaft und wenig belastbar. Nicht zufällig sprechen wir von Gefühlsschwankungen.

Allein auf das Herz ist Verlaß, wenn es überhaupt etwas Verläßliches in uns gibt. Das Herz fragt den Kopf und hört auf den Bauch, aber es entscheidet letztlich so, wie es »von ganzem Herzen« will. Ich kenne es bei Menschen – und zeitweise erlebe ich es auch bei mir –, daß sich das Gefühl benimmt wie ein kleiner Terrorist. Es kann einen solchen inneren Terror veranstalten, daß ich zu nichts Vernünftigem fähig bin. Es kann jammern und klagen wie ein verwundetes Tier, das sich nicht beruhigen will. Es kann sich in mir aber auch so verkriechen, daß es in mir eiskalt wird und ich nichts mehr spüre und mich wie leblos fühle.

Das gute Zusammenspiel von Kopf, Herz und Bauch ist Kennzeichen für ein geordnetes Leben im Inneren der Person. Es ist ein Zeichen dafür, daß die inneren Machtverhältnisse geklärt sind und ich gelernt habe, gut mit mir umzugehen.

Ist dieser ganze Prozeß wirklich nötig? Werde ich durch diese intensive Selbstbeobachtung nicht befangen und erscheine unecht, unlebendig und nicht spontan?

Wer mit sich und seinem Leben zufrieden ist, sollte so bleiben, wie er ist, und sich nicht in unnötige Abenteuer mit sich selbst stürzen. Wer aber zu der Überzeugung kommt, daß das Leben mehr zu bieten hat, als er bisher erlebte, wer mit sich und seiner Wirkung nach außen unzufrieden ist, sollte anfangen, sich selbst besser kennenzulernen. Besonders wichtig ist das allerdings für alle, die an körperlichen oder psychischen Störungen leiden und nicht wissen, woher und wozu das Leiden sein soll. Jeder hat in sich noch ungenutzte Kräfte und Gaben und Möglichkeiten, die in solchen Situationen besonders nötig sind. Wer sich also arm und gehemmt und mit sich unzufrieden fühlt, sollte den Zugang zu seinem Schloß suchen und seinen Thron in Besitz nehmen und seinen Reichtum erforschen.

Wir haben als moderne Menschen gelernt, mit komplizierten Werkzeugen umzugehen; wir können große Fahrzeuge steuern, die uns überall hinbringen; wir können per Telefon jede Entfernung zeitlos überbrücken; jederzeit erfahren wir, was irgendwo auf der Welt passiert. Ist es da nicht sinnvoll, auch die Welt zu erforschen, die uns am nächsten ist und am meisten angeht? Die größten Energien, die aufregendsten Entdeckungen, die schönsten Erlebnisse können wir mit uns selbst machen.

Das Ich und seine Funktionen

Denken, Wollen, Fühlen; Glauben, Hoffen, Lieben

Nach der Beschreibung der verschiedenen Persönlichkeitsbereiche mit ihren Möglichkeiten und ihrem Reichtum, der wie ein verborgener Schatz entdeckt und gehoben werden kann, wird deutlich, wie nötig es ist, den zentralen Kern der Persönlichkeit, das Ich und seine verschiedenen Funktionen, zu betrachten.

Ohne Mitte, ohne Bewußtwerdung, ohne einen zentralen Willen befindet sich das ganze Reich in einem chaotischen Zustand. Viele erleben sich wie in einem inneren Bürgerkrieg. Der Körper kämpft gegen die Seele und den Geist, und die Gefühle richten sich gegen vernünftige Einsichten. Die Gegenwart wird bedrängt durch Komplexe und Hemmungen aus der Vergangenheit und durch Ängste vor der Zukunft. Die Kämpfe gegen den eigenen Schatten kosten unnötige Kräfte. Nicht wenige sind so mit sich und ihren ungeordneten inneren Verhältnissen beschäftigt, daß das Leben, nach dem sie sich sehnen, an ihnen vorbeifließt. Nicht nur in extremen Situationen, wie zum Beispiel bei einer Suchterkrankung, sondern auch im ganz »normalen« Leben fühlen sich viele mit sich und der Welt unzufrieden, weil das Verhältnis von Energie und Engagement zu Lebensfreude und Lustgewinn nicht stimmt.

Manche haben in sich das Gefühl, mit angezogenen Bremsen zu fahren, ohne recht zu wissen, was sie blockiert. Die Lösung und Befreiung aus diesem inneren Dilemma beginnt mit der Bewußtwerdung, daß alle dauerhaften Lösungen für mein Leben zuallererst in mir gefunden werden müssen. Nur ich kann unterscheiden und dann entscheiden, was ich will und was ich verändern möchte. Die Befreiung zum Leben beginnt mit einem Rückzug auf sich selbst. Der kleinste Bereich, über den ich verfügen kann, ist mein Ich, mein »Ich bin«, mein »Ich denke«, »Ich fühle«, »Ich will«. Bei vielen ist dieses Ichbewußtsein verkrustet und verborgen unter einer Masse von »Man denkt«, »Man fühlt«, »Man sollte eigentlich«. Hilfreich ist an dieser Stelle die Frage: Was will ich eigentlich? Was sind meine eigenen Gedanken, und was fühle ich tatsächlich in mir?

Denken, Fühlen, Wollen sind drei zentrale Ich-Funktionen, die eingeübt werden können. Bei diesem Üben kommt es oft zu Schwierigkeiten, die darin begründet sind, daß den meisten erst nach und nach klar wird, was zu ihren alten und übernommenen Denk-, Fühl- und Willensmustern gehört. Manchmal wird mich die Konzentration auf das, was ich eigentlich will, in peinliche Situationen bringen. Früher kannte man mich anders. Da wußte man, woran man bei mir war, worauf man sich verlassen konnte. Ich war für andere berechenbar, weil ich normalerweise das tat, was man tut. Jetzt werde ich vielleicht unbequemer; ich bin nicht mehr ohne weiteres verfügbar und sage nicht mehr so schnell zu allem ja.

Auch die Frage nach dem, was ich eigentlich denke, kann Schwierigkeiten bringen. Zunächst weiß ich nicht mehr sofort, was ich denke, weil ich erst nachdenken muß. Solange ich nur das dachte, was man denkt, konnte ich schnell antworten. Nun muß ich mich zunächst einmal selbst fragen, was ich denke, und auch, was ich denken will. Was ist das Eigentliche für mich? Was ist mein Eigen?

Auch meine Gefühle müssen sich erst daran gewöhnen, wirklich ernst genommen zu werden. Gefühle sind häufig anerzogen; bis ich mich kritisch frage, ob ich auch wirklich fühle, was ich bisher als mein Gefühl angesehen habe. Das gilt besonders für die Gefühle, die meine Umwelt von mir erwartet. Hier hat man traurig zu sein, dort empört, an anderer Stelle scheint es angebracht, wütend zu sein. In Beziehungen hat man grundsätzlich zu lieben und muß man den anderen leiden können. Was fühle ich aber tatsächlich in mir, wenn ich mich in Situationen befinde, in denen bestimmte Gefühle anders sind als erwartet? Ob ich sie dann zeige oder beschließe, sie für mich, in mir, zu behalten, ist meine persönliche Freiheit. Ich habe aber ein Recht auf meine eigenen Ich-Funktionen und darauf, wie ich damit umgehe.

Unbekannter noch als die drei ersten Ich-Funktionen Denken, Fühlen, Wollen sind die drei Ich-Bereiche Glauben, Hoffen, Lieben. Niemand kann sie stellvertretend für mich leben, nur ich kann von mir sagen: Ich glaube, ich hoffe, ich liebe! Weitgehend sind wir aber auch in diesen Bereichen zunächst von unserer Umgebung und Erziehung geprägt. Bevor wir überhaupt selbständig denken und unser Ich wahrnehmen, haben wir bereits in uns aufgenommen, wie man in unserer Umgebung, in unserer Familie glaubt, hofft und liebt.

Im Prozeß der Persönlichkeitswerdung müssen wir auch in diesem Bereich unseres Lebens die Nabelschnur zu unserer Herkunft durchtrennen und entscheiden, was und wie wir selbst glauben, hoffen und lieben wollen. Normalerweise geschieht diese »Entbindung« in den Phasen unserer Loslösung zum eigenständigen Denken; meist schon in der Pubertät. Die Werte und Verhaltensweisen der Eltern sind dann auf dem Prüfstand unserer kritischen Auseinandersetzung. Viele bleiben allerdings in der Ablehnung der übernommenen Werte stecken, ohne bewußt eigene Wert- und Verhaltensvorstellungen zu entwickeln.

Die Frage: »Was und wie glaubst du eigentlich?« löst nicht selten eine Irritation aus, denn die natürlichen Fähigkeiten, zu glauben und zu hoffen, liegen oft wie ungenützte Werkzeuge in der Persönlichkeit brach. Ich kann sie aber mit meinen mir bekannten und bewußten Ich-Funktionen, mit meinem Denken, Fühlen und Wollen, entwickeln und zu einem bewußten

Bestandteil meiner Person machen. Ich kann nachdenken, was ich glauben will, und mich dafür entscheiden.

Glaube, Hoffnung und Liebe sind Sache meiner Entscheidung. Viele leben in dem Aberglauben, man müsse warten, bis einen der Glaube oder die Liebe wie eine »ansteckende Krankheit« erfaßt, und dann könne man einfach glauben, hoffen, lieben. Natürlich gibt es auch solche »ansteckenden« Erfahrungen, nur verschwinden sie oft auch wieder wie eine Infektion.

Zur Reife gehört die Bewußtwerdung und die bewußte Entscheidung. Ich kann mir bewußtmachen, wem ich glauben, wen ich lieben will. Auch meine Fähigkeit zu hoffen wird erst durch meinen Entschluß aktiviert. Die oft geäußerte Hilflosigkeit »Ich kann nicht glauben« beruht auf einem Mißverständnis. Ich kann, wenn ich will! Manchmal muß ich allerdings auch bereit sein, zu lernen, nachzudenken, zu üben, und mir meine Entscheidung immer wieder bewußtzumachen.

Ein unreifer Mensch ist an seiner mangelhaften Bewußtheit und Unentschlossenheit zu erkennen. Er weiß nicht, was er will. Vielleicht wehrt er sich schon gegen das, was er soll, und gegen übernommene Glaubensinhalte, er hat aber noch keine eigene Entscheidung für neue Inhalte getroffen. Vielleicht hat er einfach auch noch nicht darüber nachgedacht.

Kann auch Lieben erlernt werden? Wenn Liebe, wie hier in diesem Zusammenhang definiert, eine Ich-Funktion ist, ist sie auch lernbar. Wer allerdings Liebe nur als eine »hormonale Vergiftung der Großhirnrinde« erlebt hat und meint, daß schon dieser Zustand des Verliebtseins der höchste Ausdruck von Liebe sei, hat sein Liebespotential noch nicht kennengelernt. Er lebt und liebt noch unbewußt und nicht aus dem Kern seiner Person. Er wird seine Liebe wie die Gezeiten mit Ebbe und Flut erleben und in sich selbst, in seinen Gefühlen und im Umgang mit anderen, auch mit dem Geliebten, sehr unzuverlässig bleiben. Die Entwicklung zur reifen Liebe beinhaltet alle Ich-Funktionen: Ich liebe dich mit meinem Denken und Wollen und Fühlen, mit meinem Hoffen und Glauben.

Dasselbe gilt für jeden anderen Bereich der Ich-Funktionen. Zum Beispiel: Ich will an dich glauben mit meinem Denken, Fühlen und Wollen, mit meinem Hoffen und Lieben.

Wenn das Ich, bildlich gesprochen, seinen Sitz im Herzen hat, kann ich lernen, meine inneren Fähigkeiten jeweils mit ganzem Herzen zu leben.

Minister, Engel und andere Diener

Das Hilfspersonal

Die Fülle der Aufgaben und Möglichkeiten in der Persönlichkeitsentwicklung sieht zunächst wie eine Überforderung aus. Mit welchem Bereich soll ich überhaupt anfangen? Wir erlebe ich eine Inthronisation? Wie wird mein Ich bewußter und stärker, und wie kann ich meine Ich-Funktionen stabilisieren? Andere fürchten sich vor zuviel Reflexionen, weil sie sich sowieso schon genug um die eigene Achse drehen.

Ist diese märchenhafte Vorstellung vom Königsein nicht überhaupt etwas kindlich und irrational? Wirkt das nicht alles in unserer modernen Gesellschaft geradezu grotesk? Andere befinden sich mit sich selbst in einem permanenten Bürgerkrieg und möchten nichts anderes als Ruhe. Bin ich nicht schon zu alt und vom Leben ernüchtert, um solche Vorstellungen ernst zu nehmen oder sie gar zu verwirklichen?

Diese Liste der unterschiedlichen Reaktionen könnte sicher noch lange fortgesetzt werden, und sie hat ihre Berechtigung. Es gehört für die meisten schon ein großer Leidensdruck dazu, um an die Arbeit zu gehen, sich zu verändern. Viel einfacher erscheint es doch, sich anzupassen und sich mit den störenden Seiten der Persönlichkeit zu arrangieren. Ich bin, wie ich bin, und die anderen müssen mich nehmen, wie ich bin. Ich muß mit meinen Nächsten auch so leben, wie sie sind.

Die Verantwortung für das eigene Leben zu übernehmen und sich nicht mit dem Status quo abzufinden, ist eine schwere und unbequeme Arbeit. Für viele Bereiche fühle ich mich auch nicht zuständig. Kenne ich überhaupt meinen

Körper gut genug, um die volle Verantwortung für mein körperliches Ergehen übernehmen zu können? Wie soll ich mich in der Psyche auskennen, wo doch selbst die wissenschaftlichen Meinungen über das, was die Seele überhaupt ist, noch weit auseinandergehen und ständig neue Theorien verbreitet werden?

Es gibt genug vernünftig klingende Argumente, dieses Thema – ein Souverän im eigenen Reich zu sein – schnell wieder zu vergessen und so zu bleiben, wie man ist. Das Leben ist schon schwer genug, warum soll man es sich noch schwerer und anstrengender machen?

Leider ist es aber für viele zu schwer, so zu bleiben, wie sie sind. »Leider« ist in ihnen immer noch zuviel Sehnsucht und Hoffnung, um sich der Resignation ganz hingeben zu können. Vielleicht lohnt es sich doch noch, einen ernsthaften Versuch zu unternehmen, die Freiheit und Souveränität zu erleben?

Zum Glück müssen wir die Arbeit unserer Entwicklung und Reifung und den Kampf um die Selbstwerdung nicht allein bestreiten. Keiner muß allein mit sich fertig werden. Ich habe ein Recht, mir helfen zu lassen und die Erfahrungen und Fähigkeiten anderer zu nutzen. Es gibt Helfer und Hilfe genug.

Einerseits ist es ein Zeichen von Demut, um Hilfe zu bitten, andererseits ein Akt der Souveränität. Kein Regierungschef, kein Monarch, keine Königin hat je die Last und Arbeit, ein Reich zu regieren, allein getragen. Nur kleine Gernegroße müssen alles allein können. Nur Unwissende meinen, sie könnten alles ohne Hilfe schaffen.

Sich helfen zu lassen gelingt uns ja auch schon sehr gut, wenn es um unser körperliches Befinden geht. Dabei haben wir uns auch schon daran gewöhnt, den Arzt selbst auszusuchen. Keiner wird vor einem wichtigen Eingriff ohne seine Zustimmung behandelt oder operiert. Wir lassen uns selbstverständlich zu einer Fachkapazität überweisen, wenn wir den Eindruck haben, daß es wichtig ist.

Es geht uns ja heute im Blick auf die medizinische Versorgung viel besser, als es früher selbst großen Herrschern ging. Auch in vielen anderen Bereichen haben wir Möglichkeiten, uns beraten zu lassen und Hilfe zu bekommen. Keiner bestreitet, daß es uns heute besser geht als jeder früheren Generation. Wir sind in unserem Land vor vielen Menschen auf unserer Erde bevorzugt. Noch nie gab es so viele und so verschiedenartige Möglichkeiten, sich beraten und helfen zu lassen. Das Angebot der Hilfen auf fast jedem Gebiet ist groß, und wer Hilfe für seine Persönlichkeitsentwicklung sucht, der kann Hilfe finden. Es wäre eine lange Liste nötig, die Institute, Beratungsstellen, Selbsthilfegruppen, Therapiemethoden und Einrichtungen aufzuzählen, die jedem, der sich ernsthaft darum bemüht, angeboten werden.

Mit den vielen Angeboten und ihrer Inanspruchnahme allein ist aber noch keine entscheidende Veränderung in meiner Entwicklung zur souveränen Persönlichkeit geschehen. Ich kann Hilfe annehmen wie ein hilfloses kleines Kind. Die Helfer sind dann die »Großen«, ich bin klein und fühle mich auch abhängig und manchmal sogar ohnmächtig in meinem Angewiesensein auf die anderen.

Auch im Umgang mit Helfen und Sich-helfen-Lassen ist eine Bewußtseinsveränderung nötig. Nehme ich mich ernst und entscheide ich mich, nicht mehr hilfloses Opfer, kleines Kind oder ein vom Leben Benachteiligter zu sein, kann ich mir helfen und dienen lassen, ohne mich dadurch klein und unwert zu fühlen.

Wir haben uns angewöhnt, die zu bewundern, die eigentlich nur Hilfskräfte sein sollen. Ein Minister ist, wie sein Titel sagt, ein Diener (lat. minister: der Geringere, Diener; Ministrant = Kirchendiener). Ein Engel ist ein »dienstbarer Geist« (nach Hebräer 1,14). Gesellschaftlich und politisch haben sich allerdings diejenigen, die eigentlich Helfer sein sollen, zu Machthabern entwickelt. So fühlen sich viele denen unterlegen, die ihnen eigentlich nur helfen und nicht bestimmen sollten.

Die Dienstfunktionen sind zu Herrschaftsstrukturen entartet. Wer fühlt sich nicht klein, wenn ein Arzt sich über sein Bett beugt und väterlich fragt: »Wie geht es uns denn heute?« Genießt nicht ein Priester, ein Pfarrer (nicht nur der Pfarrherr), ein Lehrer, ein Wissenschaftler oder oft schon ein kleiner Beamter in den Augen der von ihnen »Bedienten« besonderes Ansehen und eine hohe Autorität, die manchmal wie eine »höhere Macht« empfunden wird, der man sich zu beugen hat? Der Polizist (dein Freund und Helfer) wird oft nicht als Helfer, sondern als einer erlebt, der Macht hat, dem man ausgeliefert ist. Es ist sicher nicht das Verschulden derer, die eigentlich dienen und helfen wollen, wenn sie die Rolle annehmen, die man ihnen zuschiebt.

Für unser Anliegen, königlich mit uns umzugehen und Hilfe in Anspruch zu nehmen, ist es wichtig, die innere Befindlichkeit zu entdecken, die es manchmal erschwert, Hilfe anzunehmen. Zu gern lassen wir uns nicht nur helfen, sondern von unseren Helfern beherrschen. Wir geben ihnen eine Autorität über uns, die ihnen nicht zusteht und die sie vielleicht nicht einmal wollen. Innerlich sind wir oft noch kleine Kinder, selbst wenn wir nach außen erwachsen erscheinen und vielleicht sogar eine einflußreiche Position haben.

Ich kann für jeden Bereich meiner Persönlichkeit Helfer engagieren, die mir dienen und helfen. Einfach ist es bei den klassischen Helferberufen: für den Körper den Arzt, für die Seele den Therapeuten, für den Geist einen Lehrer oder Guru, für meine Wirkung eine Selbsterfahrungsgruppe, für das Annehmen meines Schattens einen Seelsorger, für Verhaltensänderungen vielleicht eine Selbsthilfegruppe. Keiner muß mit sich allein fertig werden. Es gibt aber nicht nur professionelle Helfer, die ich wie Minister in ein Ressort meiner Persönlichkeit einsetze (und wenn nötig auch absetze und entlasse), sondern es gibt auch unsichtbare Helfer und Kräfte. Die Engel habe ich schon erwähnt. Was auch immer ein jeder sich unter einem Engel vorstellen mag, es handelt sich um Kräfte in uns und um uns, die zur Hilfe beim Aufbau meiner Persönlichkeit, meines Reiches bereit sind und die ich beanspruchen darf.

Die einen erleben die Kraft des Gebets, andere den Energiezufluß durch Meditation und Entspannungsübungen. Jeder kann sich bewußtmachen, daß er in einer Welt lebt, die nicht nur sichtbar und meßbar ist, sondern auch unsichtbare Wirklichkeitsebenen hat. Wir sind umgeben von Kräften und Energien, die uns helfen und aufbauen können, wenn wir gelernt haben, sie zu rufen und in Anspruch zu nehmen. Es gibt die Kraft einer heiligen Gewohnheit, die energetische Schwingung durch einen gesunden Lebensrhythmus. Kräfte der Natur sind zur Heilung da und die Kraft des Geistes zum inneren Aufbau eines gesunden Wesens.

Aus der Bibel wissen wir, daß Gott für uns, für jeden von uns ist. Wer ohne seine Hilfe lebt, bescheidet sich selbst und lebt unter seinen Möglichkeiten. Gott ist nicht nur für den Himmel da, dort wird er am wenigsten gebraucht, sondern für diese Erde und das Leben hier. Wir können lernen, uns mit ihm und seinen Kräften zu verbünden.

Vom königlichen Umgang miteinander

Alle wesentlichen Veränderungen in mir haben auch ihre Auswirkungen auf die Umwelt. Dieser Einfluß auf die Umwelt entsteht durch meine veränderte Haltung und durch mein neues Verhalten.

Unbewußt habe ich schon immer die Menschen angezogen und mich von denen angesprochen gefühlt, die mir und meinem Wesen entsprachen. Meine Umgebung und meine Verhältnisse sind eigentlich immer ein Ausdruck dessen, was zu mir paßt. Manchmal werde ich allerdings meine Umgebung verlassen müssen, um dem gerecht zu werden, was sich an Neuem in mir heranbilden will.

Auch die andere Erfahrung gibt es, daß ich mich nicht selbst aus meiner Lage befreie, sondern durch meine alte Umgebung ausgestoßen werde. Die Gesellschaft, jedes Kollektiv wehrt sich vehement gegen jede Veränderung und beanstandet es, wenn sich jemand nicht mehr so verhält, wie man es von ihm gewohnt war.

Ein selbstbewußter, souveräner Mensch ist in einer Umgebung von angepaßten Menschen immer ein Störfaktor. Er ist für andere unberechenbar; sein Verhalten und Reagieren entspricht oft nicht den Normen, weil er bei wichtigen Entscheidungen nicht danach fragt, was man von wem erwartet, sondern nach dem, was ihm entspricht. Das heißt allerdings nicht, daß jeder selbstbewußte Mensch rücksichtslos immer nur das tut, wozu er gerade Lust und Laune hat. Er wird auch nicht, wenn er ein gesundes Wertbewußtsein hat, auf Kosten anderer leben wollen. Gerade der Freie hat die Freiheit, freiwillig an das Wohl seiner Mitmenschen zu denken und ihnen Gutes zu tun. Das Gute muß aber nicht immer das Bequemste sein oder das, was man gerade von ihm erwartet.

Neue Bewußtseinsformen erfordern auch neue Lebensformen. Auf die Dauer wird jeder versuchen, sich die Umgebung zu suchen oder zu schaffen, die ihm entspricht. Der Souveräne wird andere Souveräne finden und mit ihnen Kontakt, besser ausgedrückt Freundschaft pflegen. »Sage mir, mit wem du befreundet bist, und ich sage dir, wer du bist.« Freunde gehen miteinander freundlich um. Freie leben miteinander freiheitlich, Könige leben mit anderen Königen königlich. Wenn wir uns auf den Weg machen, um uns zu verändern, werden wir immer Weggenossen finden, die auch unterwegs sind. Wer ständig allein bleibt, wird meist nicht unterwegs sein, sondern eingesperrt in seiner Höhle sitzen. Das Leben ist auf Gemeinschaft hin angelegt, und Lebendigkeit ist die Melodie jeder echten Gemeinschaft. Jeder Ton erweckt andere Töne, jede Schwingung weckt Resonanz. Jede Art findet, wie durch ein Naturgesetz, zu ihren Artgenossen.

Wie sieht aber die Lebensart des neuen Menschen aus? Was sind die Kriterien des königlichen Umgangs miteinander? Gleichgesinnte lieben einander. Je höher die Gesinnung, desto weitreichender ist auch die Liebe. Wer sich selbst von Herzen liebt und nicht nur aus Egoismus, wird auch ein guter Liebhaber sein. Je höher die Selbsteinschätzung, desto größer die Wertschätzung anderer. Schon das Sprichwort sagt: »Gleich und gleich gesellt sich gern!«

Es ist so viel Gutes über Liebe gesagt worden, daß ich mir hier eine Abhandlung darüber erspare. Das Beste und Vollkommenste über Liebe steht für mich im Brief des Paulus an die Korinther (1. Korinther 13). Nirgends sonst habe ich eine so konzentrierte und umfassende Beschreibung über die Liebe gelesen.

Eine andere Seite der Souveränität ist die Freiheit. Sie gehört zur Liebe wie die Luft zum Atmen. Freiheit bezieht sich zunächst, wie auch die Liebe, auf den Umgang mit mir selbst. Sie ist der Zustand der Souveränität in meinem Reich. Sie wächst in dem Maß meiner Selbsterkenntnis. Ich lerne alle

Bereiche in mir kennen und werde fähig zu entscheiden, was ich in jedem Bereich ausleben oder zurückschneiden will. So entscheide ich beispielsweise, wie ich mit meinem Körper umgehe, welche Zuwendung und Aufmerksamkeit ich ihm schenke, was ich von ihm fordere und wozu ich ihn trainiere, damit er mir gehorcht und nicht ich ihm gehorchen muß. Es kann durchaus sein, daß ich im Rahmen meiner Selbstfindung erst einmal auf meinen Körper Rücksicht nehmen muß, weil ich ihn zu lange vernachlässigt habe, oder daß ich ihm Zeit geben muß, in Ordnung zu kommen und gesund zu werden. Das heißt aber ganz praktisch, daß nicht mein Leib das Programm bestimmt, daß ich mich nicht weiter nach ihm richte, sondern nach dem, was ich für ihn als gesund ansehe. Gott sei Dank gibt es dafür ja auch die »Minister für Gesundheit«, die Ärzte und andere Helfer, die ich in Anspruch nehmen kann. Wichtig ist nur, daß ich entscheide und nicht das tue, was mein Körper mir aufzwingt.

Für den Umgang miteinander ist die Freiheit das Anwendungsprinzip der Liebe. Die Freiheit ist der Raum, in welchem Liebe gezeugt und geboren wird. Hier ist ihr Zuhause, und nur im Raum der Freiheit kann sie gedeihen und sich gesund entwickeln. Wer dem anderen die Freiheit nimmt, tötet die Liebe. Liebe kann nur wachsen und ihre volle Kraft entfalten, wo sie nicht gefordert oder in starre Formen gepreßt wird. Freiheit ist ihre notwendige Voraussetzung. Zu meiner eigenen Souveränität gehört nicht die Macht über die Souveränität eines anderen. Ein befriedigender Umgang miteinander basiert auf der gegenseitigen Anerkennung der Freiheit jedes einzelnen. Ich habe kein Recht und keinen Machtanspruch über irgendeinen anderen, nur über mich selbst.

Diese Freiheit beginnt mit dem Freilassen. Als Kinder stehen wir noch unter der Hoheit derer, die für unser Leben die Verantwortung tragen. Wie lange diese Verantwortung reicht, ist sicher nicht gesetzlich festzulegen, denn jedes Kind hat auch hier seine individuelle Entwicklung. Ideal ist, wenn Eltern und Kinder miteinander bemüht sind, diese Freilassung so bald wie möglich zu bewirken. Erziehung wäre unter diesem Aspekt eine Erziehung zur Selbständigkeit und zur Selbstverantwortung. Aber nicht nur die Eltern müssen lernen, ihr Kind freizugeben; auch das Kind hat die Aufgabe, seine Eltern in die Eigenständigkeit zu entlassen. Dazu gehört auch der Verzicht auf Vorwürfe und Forderungen. Eltern können lernen, ihre hoffentlich freiwillig gewählte Berufung, Eltern zu sein, wieder abzugeben.

Eltern und Kinder können miteinander einen Umgangsstil entwickeln, der einem partnerschaftlichen Verhältnis entspricht. Vater und Mutter bleiben zwar biologisch die Eltern, sie sollten aber wahrnehmen, daß ihre Kinder keine Kinder mehr sind. Manchmal drückt sich dieses neue Verhältnis auch in der Anrede aus. Es mag vielleicht niedlich und rührend klingen, wenn erwachsene Frauen und Männer zu ihren Eltern bis ans Lebensende Papi und Mama sagen, sehr souverän hört sich das aber nicht an.

Erwachsene lernen auf dem Weg in die Freiheit, je nach ihrer Charakterstruktur leichter oder schwerer, durch Freigeben und Freiheitnehmen schrittweise diese souveräne Lebensart. Jeder wird diesen Prozeß aber nur dadurch gewinnen, daß er mehr Mut entwickelt, als er Angst hat. Freiheit macht zunächst immer angst. Der eine empfindet diese Angst vor der Freiheit mehr, wenn er lernt, Freiheit zu geben, ein anderer wird mehr Angst haben, sich selbst die Freiheit zu nehmen. Der eine hat größere Bindungsängste, der andere mehr Verlustangst.

Ein dritter schon erwähnter Begriff im Lernprozeß des königlichen Umgangs miteinander ist Freundschaft. Auch dieses Wort hat viele Nebentöne und ruft unterschiedliche Vorstellungen wach. Die einen hören im Wort »Freundschaft« einen Kampfruf. (Es war auch das Grußwort der FDJ in der

DDR.) Andere verstehen, wenn sie Freundschaft sagen, eine globale Verbrüderung. Nur für wenige bedeutet Freundschaft einen sehr exklusiven Stil erlesener Geistesverwandtschaft. Freundschaft ist für mich die Lebensart einer frei erwählten Beziehung.

Freunde sind nicht durch vorgegebene Verhältnisse wie Verwandtschaft vorbestimmt. Zur Freundschaft gehört die freiwillige Wahl, die Auswahl. Ich habe dich, du hast mich erwählt, und wir haben beschlossen, einander zu erkennen, zu verstehen und zu helfen, der zu werden, der wir sind. Deshalb kann man in der Freundschaft auch nicht festhalten oder den anderen bestimmen. Sie ist keine Bindung wie beispielsweise eine Ehe. Auch wird es sehr schwierig sein, aus einer Freundschaft eine Geschäftspartnerschaft zu machen, weil damit Verpflichtungen übernommen werden müßten. Freundschaft hat nur die Pflicht, dem anderen die Freiheit und damit seine Entfaltung zu ermöglichen und selbst frei zu bleiben. Jede Art von Abhängigkeit widerspricht dem Wesen der Freundschaft.

Freundschaft sollte die Hochform der Liebe sein. Jede Bindung hat Pflichten und damit auch Zwänge; das gilt auch für die Ehe. Die Beziehung in der Freundschaft aber hat den Sinn, sich gegenseitig eine Ermutigung zum Leben zu sein. In der Freundschaft ist immer der andere größer. »Deshalb hat der die größte Liebe, der sein Leben läßt für seine Freunde« (Johannes 15,13). Natürlich kann das, was in einer Freundschaft gelebt wird, auch ausstrahlen auf jede andere Art von Beziehung und Bindung. Deshalb ist jeder zu bedauern, der keine wahren Freunde hat.

Zum Begriff und zum Erfahrungshorizont der Freundschaft gehört auch das Wort *Freund*lichkeit. Es ist die Umgangsform zwischen Freunden. Mein Verständnis von Freundschaft bezieht seinen Wert und seine Deutung durch das Wort Jesu an seine Jünger: »Ich nenne euch nicht mehr Knechte, denn ein Knecht weiß nicht, was sein Herr tut; euch aber habe ich Freunde genannt, denn alles, was ich von meinem Vater gehört habe, das habe ich euch wissen lassen« (Johannes 15,15).

Interessant ist in diesem Zusammenhang sicher auch die Entdeckung, daß schon im Alten Testament und in anderer klassisch-religiöser Literatur der Begriff »Freunde Gottes« gebraucht wird. Für mich wirft diese Bezeichnung ein faszinierendes Licht auf das Wesen Gottes und auf das Wesen des Menschen.

Wenn ich diese Gedanken weiterzeichne, könnte für das Verhältnis der Menschen untereinander und für ihre gesellschaftliche Weiterentwicklung darin ein Modell für die Zukunft liegen.

Das eigene Reich ist das Reich Gottes

Für den einen mag diese Überschrift wie eine Blasphemie klingen; ein anderer liest sie vielleicht wie eine Befreiung. Ich will erklären, was ich damit meine.

Wir haben gelernt, zwischen subjektiv und objektiv zu unterscheiden. Objektiv ist das, was sachlich richtig ist, subjektiv ist nur teilweise richtig, weitgehend aber unsachlich und persönlich gefärbt. Im sachlichen Bereich gilt das Beweisbare, Meßbare, eben Objektivierbare, während ich subjektiv vieles ganz anders sehe und erlebe, als es »real« ist. Ich begegne also der Realität mit meiner persönlichen, subjektiven Wahrnehmungsfähigkeit und verfälsche sie dabei immer etwas. Ich erlebe sie als meine Wirklichkeit, als das, was und wie die Wirkung auf mich ist. Wirklich ist damit für mich das, was bei mir etwas bewirkt; etwas, was ich oft mit der Realität verwechsle. Ich halte dann meine subjektive Wahrnehmung für objektiv. Dies ist eine einfache, fast naive Beschreibung und Unterscheidung von Realität und Wirklichkeit.

Im wissenschaftlichen Bereich ist das Bemühen, möglichst objektiv zu sein, notwendig. Die Realität soll so gründlich und sachgemäß erforscht und beschrieben werden, wie es mit den heutigen Mitteln nur möglich ist. Echte Wissenschaft ist deshalb vorsichtig mit der Behauptung, etwas sei bewiesen, sei tatsächlich so. Sie weiß um die Notwendigkeit, die Realität mit Theorien oder Hypothesen zu beschreiben. Sie kennt keine absolute Objektivität. Und doch ist das die einzige Möglichkeit, sich sachgemäß zu verständigen und gemeinsame Pläne zu verwirklichen.

Außerhalb dieser wissenschaftlich beschriebenen Welt existiert aber für uns eine Wirklichkeit, die sich überhaupt nicht objektiv beweisen läßt. Es ist beispielsweise die für uns so wichtige Wirklichkeit der persönlichen Beziehungen, dann die Wirklichkeit unserer inneren Welt und die Wirklichkeit des Transzendenten. Es ist die Wirklichkeit unseres Glaubens, Liebens und Hoffens. Wirklich ist das, was wirkt.

Ich kann zwar beschreiben, was ich in der Liebe oder in meinem Glauben erlebe, beweisen kann ich es nicht. Aber gerade diese Seite des Erlebens bestimmt uns mehr als die sogenannte objektive Realität. Hier lebe ich mit meiner Sehnsucht, meinen Wünschen, meinem Glücklichsein oder mit meiner Verzweiflung. Ob sich mein Leben für mich lohnt oder ob ich es aus Verzweiflung wegwerfe, wird in den wenigsten Fällen durch objektive Tatsachen entschieden, sondern durch mein Erleben, durch meine subjektive Bewertung und durch die dadurch in mir bewirkten Gefühle. Ich lebe in meiner subjektiven Wirklichkeit. Ob mein Leben für mich sinnvoll und erfüllt ist, kann niemand anderes für mich bestimmen.

Auch das Reich Gottes ist keine objektiv wissenschaftlich beweisbare Größe, sondern eine Welt des inneren Erlebens. »Das Reich Gottes«, sagt Jesus, »ist inwendig in euch!« Wir erleben heute, zumindest in der Literatur, einen Boom der Beschäftigung mit dem Außersinnlichen. Der Wunsch nach Erweiterung des Bewußtseins über das streng wissenschaftlich Erforschbare hinaus hat bei vielen zugenommen. Die Gründe hierfür sind oft aus der Erkenntnis erwachsen, daß das Leben in guten wirtschaftlichen Verhältnissen noch nicht die Sinnfrage beantwortet. Das Machbare ist nicht alles, was wir brauchen und gut ist. Für unser persönliches Leben und für das Überleben der Welt ist nicht so sehr entscheidend, was beweisbar richtig ist, sondern das, was geglaubt und aus diesem Glauben heraus getan wird. Das gilt für alle Entwicklungen, zum Guten wie zum Schlechten. Wer nicht an das Leben, an das Gute, an einen Sinn für sein Leben und für die Welt glaubt, wird wahrscheinlich seines Lebens nicht froh. Der Glaube an eine Wirklichkeit über das Beweisbare hinaus, an etwas Größeres als das Machbare, wird heute immer überlebensnotwendiger. Das gilt vor allem für unseren Umgang miteinander wie der Völker untereinander. Die negativ-skeptische Beschreibung der menschlichen Gesellschaft mit der These »Der Mensch ist des Menschen Wolf« ist eine Erfahrung, die uns keine Zukunftshoffnung läßt. Meine Beschreibung der Persönlichkeit als König und Königin im eigenen Reich und die Vorstellung, daß jeder dazu berufen ist, sein eigenes Leben selbstverantwortlich zu leben, basiert auf der Vorstellung, daß Gott den Menschen dazu erschaffen hat, über sich und seine Welt königlich zu bestimmen, verantwortlich und liebend, lebensfördernd und heilend.

Die Bedeutung des einzelnen und seiner Entfaltung ist in unserem Jahrhundert durch die Entdeckung der Psychologie in den Vordergrund gerückt. Die »Menschheit«, »das Volk«, »die Rasse«, »das Abendland« usw. sind dagegen Begriffe aus der Sprache der Ideologie, von der sie auch mißbraucht werden. Die Ideologie eines totalen Sozialismus hat sich als lebensfeindlich und menschenverachtend herausgestellt. Das Soziale muß die Frucht des Individuellen sein, nicht umgekehrt. Veränderungen, die von oben befohlen werden, bleiben stecken. Es ist die Kraft des einzelnen, die Veränderung eines Menschen, die ansteckend wirkt und schließlich auch viele erreichen kann. Die Bedeutung des einzelnen, seine Entscheidung und sein Leben sind Zielvorstellungen der neuen Welt, wie wir sie auch bei Jesus finden.

Zwei Sätze aus dem Sprachschatz totalitärer Systeme machen den gegenseitigen Tatbestand deutlich: Kaiphas, der ideologische Henker Jesu, stellt sachlich fest: »Es ist besser, daß einer sterbe, als daß das ganze Volk verderbe« (Johannes 11,49). In der Hitlerjugend wurde gelehrt: »Du bist nichts, dein Volk ist alles!« Machthaber gehen davon aus, daß das Kollektiv wichtiger ist als der einzelne, und sie fühlen sich als Repräsentanten der Masse. Sie sind deshalb bereit, den einzelnen dem Kollektiv zu opfern.

Das wahre Leben ist aber nicht im Kollektiv, nicht in der Idee, und sei sie noch so heilig, Leben ist immer individuell. Eine lebendige Gemeinschaft wird darauf achten, daß der einzelne nicht nivelliert wird, sondern mit seinen Gaben zur Entfaltung kommt. Das ist sicher ein sehr hoher Anspruch an eine Gemeinschaft, und es gibt kaum eine Gruppe, in der dieses Ziel schon erreicht ist. Einheit in Vielfalt, Gemeinschaft nicht auf Kosten der Originalität des einzelnen, Geborgenheit und ständiges Wachstum, Freiheit in Liebe – das sind die Kennzeichen des Lebens, die das Reich Gottes erkennen lassen.

Das Reich Gottes ist eine Herzensangelegenheit und keine Hierarchie von oben. Gott wohnt nicht in Häusern und Institutionen. Er spricht nicht über Lautsprecher und hat auch keine Lobby in den Fernsehanstalten oder in irgendeinem Parlament. Er paktiert nicht mit den Multis und braucht weder Presse noch Propaganda. Sein Medium ist der Geist und die Wahrheit, und die haben ihre Wohnung in den Herzen der Menschen.

Wer in sich selbst sein inneres Königreich in Wahrheit und Liebe erobert und regiert, baut damit das Reich Gottes, das Reich der Liebe, ein Stück Himmel auf Erden.

Ein modernes Märchen

Es war einmal« – so beginnen die meisten Märchen, und so müßte auch dieses hier beginnen, wenn es nicht heute spielen würde. Es gibt ein Königreich, das schon lange verwaist ist und in dem darum turbulente Zustände herrschen. Jeder, der es betritt – und es sind viele, die des Weges daherkommen –, macht mehr oder weniger freundliche Bemerkungen über dieses Land, und wem gerade danach zumute ist, der nimmt sich mit, was ihm nützlich erscheint.

Wie in allen richtigen Königtümern gibt es hier auch ein Schloß, aber das ist nicht bewacht und selten bewohnt. Manch einer hat dort beim Durchstöbern seine Spuren hinterlassen.

Auch ein Thronsaal ist in der Mitte des Schlosses mit einem richtigen Thron darin. Leider residiert niemand von da aus, nur ab und zu setzt sich jemand, der gerade Lust dazu hat, auf dieses vornehme Stück und fragt sich, was für einen Sinn das alles haben könnte.

Der König oder die Königin, die rechtmäßigen Eigentümer des Reiches, des Schlosses und des Thrones, leben irgendwo außerhalb der Landesgrenzen verarmt und verängstigt. Sie machen keinen Gebrauch von ihrem Recht, ihr Eigentum in Besitz zu nehmen und in ihrem Schloß zu wohnen und zu regieren. Sie haben eine tiefe Ahnung, daß ihr Leben viel wertvoller und reicher sein könnte, aber so richtig glauben tun sie es doch nicht. Und weil sie es nicht glauben, können sie es sich auch nicht vorstellen.

Eines Tages, so heißt es in vielen Märchen, hört der arme ängstliche Prinz (oder ist es eine Prinzessin?) von der eigentlichen Berufung seines Lebens und von der Verantwortung, die er für das ganze Reich hat. Er begreift, daß er sein Eigentum endlich in Besitz nehmen und seine Regentschaft antreten sollte. Dieser Entschluß weckt stürmische Gefühle in ihm, Begeisterung und Hoffnung, aber auch Angst und Unglaube. Es folgt ein vorsichtiges Suchen, Kennenlernen und Erforschen einer neuen Welt mit ihren unendlichen Möglichkeiten, das oft mit einem hilflosen Resignieren vor der riesenhaften Aufgabe einhergeht.

Wenn diese Botschaft aber tatsächlich wahr sein sollte, dann ist jeder Tag außerhalb des noch immer verwaisten Reiches ein verlorener Tag. Sein Leben, das sich jetzt weit unter seinem eigentlichen Niveau und weit ab von seiner Berufung abspielt, empfindet der Prinz auf einmal als sinnlos und vertan. Alle diese Möglichkeiten, die vielen Schätze, die unbewohnten Räume fordern ihn heraus und werden fast zu einer Anklage. Schließlich reift der Entschluß in ihm, diese Lebensaufgabe anzunehmen und seine ganze Kraft dafür einzusetzen.

Anfangs ist alles sehr ungewohnt, und die »königliche Hoheit« erlebt viele Zweifel und Enttäuschungen. Manchmal scheinen Kraft und Mut nicht auszureichen, um ein Souverän zu werden und in dem großen Reich die Ordnung herzustellen. Die Gewohnheiten und Unarten, die sich in dem Land, das sich so lange selbst überlassen war, eingenistet haben, lassen sich nicht so leicht abschaffen. Schließlich gewinnen aber die ordnenden Kräfte die Oberhand. Dank der zu Hilfe gerufenen Helfer wird das Reich allmählich regierbar. Das Schloß wird gründlich renoviert und nach eigenem Geschmack eingerichtet.

Ein neues Lebensgefühl wächst in dem Prinzen, der zum König geworden ist. Er spürt die Vollmacht, die ihm für sein Leben und für das Leben anderer gegeben ist. Er lernt neue Menschen kennen, die seinem Stand entsprechen und zu Freunden werden. Neue Gewohnheiten und Interessen entstehen, weite Horizonte tun sich auf und füllen Zeit und Lebensräume mit neuen Gedanken und Gefühlen.

Wo früher bedrückende Hemmungen und Ängstlichkeiten herrschten, kommen jetzt Mut und Neugierde auf, die seine falsche Bescheidenheit und das Mißtrauen sich selbst gegenüber überwinden.

Wo früher Sorgen und Skepsis die Zukunft verdunkelten, leuchtet nun ein Licht der Hoffnung. Die Aufmerksamkeit ist erwartungsvoll und gespannt auf alles Kommende gerichtet.

Und wenn der König bei alledem nicht gestorben ist, dann regiert er noch heute in Weisheit und Güte . . .

Wilhard Becker und Kristin Becker
Füreinander begabt
Festhalten und Loslassen in der Ehe
109 Seiten, gebunden
ISBN 3-7831-0997-3

In elf Kapiteln werden Themen behandelt wie: Die Krise als Chance, das Ideal der partnerschaftlichen Ehe, der Charakter als Störenfried, die Bedeutung der Elternehe, die Rolle der Gefühle, Kampfspiele und Kampfstile in der Ehe, Kommunikation und Sexualität.
Die sympathische Offenheit der Autoren und die Überzeugung, mit der sie von ihrer Liebe zueinander als tragender Kraft schreiben, machen dieses Buch zu einer willkommenen Hilfe für eine gelingende Ehe.

Wilhard Becker/Ulrich Schaffer
Ganz anders könnte man leben
Perspektiven der Hoffnung
120 Seiten, kartoniert
ISBN 3-7831-0753-9

Die beiden Autoren sind in ihrer Bibel zu Hause. Sie kennen aus eigener Erfahrung die Glaubensvorstellungen, die das Licht der Botschaft Jesu verdunkeln, statt es zum Leuchten zu bringen. Ebenso entschlossen wie behutsam lösen sie seelische Knoten, die sich durch Mißverständnisse des Glaubens gebildet haben. Oft scheint es, als stellten sie bisherige Vorstellungen auf den Kopf, gerade so aber wird die befreiende Kraft der Botschaft Jesu wieder wirksam.